AKTION

Nikolaus Lenz

Unglaubliche Tierwelt

Nikolaus Lenz

Nikolaus Lenz wurde in Klausenburg (Siebenbürgen) geboren. Nach einer Lehre als Bankkaufmann studierte er Betriebswirtschaft sowie Technik- und Wissenschaftsgeschichte. Heute konzentriert er sich als freier Schriftsteller auf das Schreiben von Büchern für Kinder.

Von Nikolaus Lenz sind in den Ravensburger Taschenbüchern außerdem erschienen:

RTB 3031
Frag mal was!

RTB 4152
Ist ja nicht zu fassen!

RTB 4156
Achtung Abenteuer!

RTB 4159
X-tra starke
Kinderwitze

Unglaubliche Tierwelt

Wunder und Rekorde

RAVENSBURGER BUCHVERLAG

Mit Illustrationen von Jens Schmidt

Lizenzausgabe
als Ravensburger Taschenbuch
Band 4158
erschienen 1999

Die Originalausgabe erschien 1993
im Loewe Verlag Bindlach
unter dem Titel „1000 Wunder der Tierwelt“

Bei der vorliegenden Ausgabe handelt es sich um
eine gekürzte Fassung.

Umschlagillustration: Enno Kleinert

RTB-Reihenkonzeption:
Heinrich Paravicini, Jens Schmidt

**Die Schreibeweise entspricht den
Regeln der neuen Rechtschreibung.**

Printed in Germany

5 4 3 2 1 03 02 01 00 99

ISBN 3-473-54158-3

AKTION

INHALT

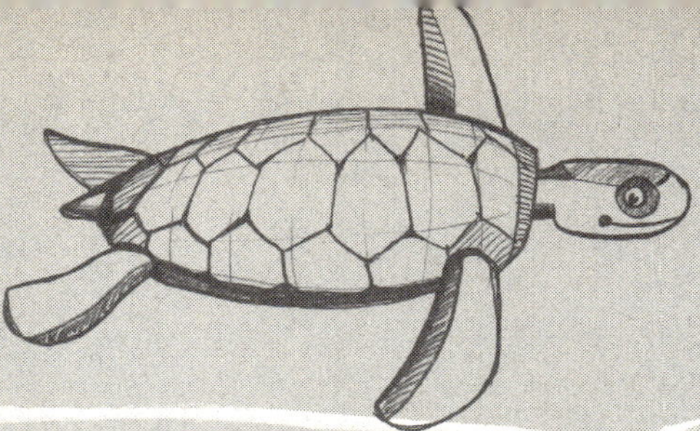

1. Allgemeines aus dem Tierreich 6

2. Säugetiere 26

3. Vögel 110

4. Reptilien und Amphibien 132

5. Fische 148

6. Weichtiere und Krebse 192

7. Insekten und Spinnen 216

1 Allgemeines aus dem Tierreich

Worin unterscheiden sich Tiere und Pflanzen?

Tiere und Pflanzen sind beides Lebewesen. Sie unterscheiden sich unter anderem dadurch voneinander, wie sie ihre Nahrung aufnehmen und in Energie umwandeln. Pflanzen können durch einen Vorgang, den man Photosynthese nennt, Lichtenergie nutzen. Es genügt ihnen, im Licht zu stehen und Wasser und Mineralien aus dem Boden aufzunehmen. Sie brauchen dazu bloß Blätter und Wurzeln. Sie müssen weder auf der Suche nach Beute herumlaufen noch Nahrung verdauen.
Tiere müssen Nahrung suchen, fressen und verdauen. Im Vergleich zur pflanzlichen Lebensweise ist das eine sehr aufwändige Sache. Die meisten Tiere müssen irgendwie vom Fleck kommen – mithilfe von Tentakeln, Rückstoßdüsen, Flossen, Beinen oder Flügeln. Und alle Tiere benötigen Organe zur Verarbeitung der Nahrung. Nur wenige Tiere, wie etwa die Schwämme, begnügen sich seit Urzeiten mit einer pflanzenähnlichen Lebensform. Alle Tiere müssen sich ihr Futter jedoch auf irgendeine Weise einverleiben, um es im Körperinneren chemisch in Energie umwandeln zu können.

Wie lange lebt eine Tierart?

Nicht nur einzelne Tiere haben ein bestimmtes Lebensalter, sondern auch die verschiedenen Tierarten. Seitdem es Tiere gibt, also seit etwa sechshundert Millionen Jahren, herrscht auf der Erde ein ständiges Kommen und Gehen. Tierarten entstehen, leben ein paar Millionen Jahre auf der Erde und sterben dann wieder aus. Manche Forscher schätzen, dass es zurzeit etwa 4,5 Millionen Tierarten gibt. In den vergangenen sechshundert Millionen Jahren, seit es überhaupt Tiere gibt, sind jedoch fast tausend Millionen Arten entstanden – zweihundertmal so viele Tierarten, wie es heute auf der Erde gibt. Nach dieser Rechnung lebt eine Tierart auf der Erde durchschnittlich 2,7 Millionen Jahre. In einem gewissen Rahmen ist das Aussterben von Tierarten also ein natürlicher Vorgang.

Welches ist die älteste Tierart?

Manche Tierarten sind uralt. Der australische Lungenfisch beispielsweise blickt auf eine ehrwürdige, fast 400 Millionen Jahre alte Ahnenreihe zurück. Die ältesten Landinsekten sind die Schaben oder Kakerlaken. Auch manche urtümlichen Haifischarten, wie der Stierkopfhai, haben sich seit Urzeiten beinahe unverändert in die Gegenwart gerettet. Und selbst die Vorfahren der Eichhörnchen gibt es schon seit 40 Millionen Jahren auf der Erde. Andere Arten sind recht jung. Bären gibt es erst sein fünf Millionen Jahren, Pferde seit vier. Frühmenschen, Vorläufer des heutigen Menschen, lebten vor ca. 1,8 Millionen Jahren. Der so genannte „Jetztmensch“ lebt seit zirka 130 000 Jahren auf der Erde.

Wo und wie leben die verschiedenen Säugetierarten?

Obwohl es nur relativ wenige Arten von Säugetieren gibt, haben sie unglaublich viele verschiedene Erscheinungsformen und Lebensweisen hervorgebracht. Säugetiere sind im Wasser, auf dem Land und in der Luft zu Hause. Salzwasserbewohner sind zum Beispiel die Wale und Seehunde. Im Süßwasser von Seen und Flüssen leben Biber und Otter. Landlebende Säugetiere leben (wie der Maulwurf) unter der Erde, in Wüsten (wie die Wüstenspringmaus), in Regenwäldern (wie viele Affenarten) oder im Hochgebirge (wie Yaks). Fledermäuse und Flughunde haben den Luftraum erobert.
Säugetiere können flink wie Geparde und schneckenartig langsam wie Faultiere sein.
Es gibt unter ihnen riesenhafte Tiere wie die Bartenwale, die sich von winzigen, im Meer treibenden Lebewesen ernähren. Es gibt fliegende, laufende, schwimmende und grabende Insektenfresser. Einige Säugetiere fressen nur Pflanzen, manche von ihnen sogar nur eine einzige Art von Pflanzen (zum Beispiel der Koala). Andere wieder fressen ausschließlich Fleisch. Manche Säugetiere (wie bestimmte

Spitzmäuse) wiegen gerade mal zwei Gramm, andere (wie der Blauwal) über 100 Tonnen. Das sind hundert Millionen Gramm! Trotzdem haben all diese verschiedenen Tierarten einen ähnlichen „Bauplan".

Warum haben Elefanten so große Ohren?

Warmblüter haben zwar eine innere Heizung, aber kein inneres Kühlsystem. Manche großen Säugetiere, die in heißen Ländern leben, haben deshalb ein Hitzeproblem. Sie müssen irgendwie dafür sorgen, dass es in ihrem Körper nicht zu heiß wird, weil sie sonst an Überhitzung sterben würden. Wenn es ihnen zu heiß wird, müssen sie kühlen. Besonders wichtig ist das bei so massigen Tieren wie den Elefanten. Hitze kann ja nur von der Oberfläche des Körpers abgegeben werden. Ein massiger Körper hat im Verhältnis zur Körpermasse eine kleinere Abstrahlfläche als ein kleiner Körper. Die riesigen Ohren des afrikanischen Elefanten ergeben eine Fläche von bis zu acht Quadratmetern. Das ist etwa die Fläche, die ein kleines Auto als Parkplatz braucht. Die Elefantenohren sind gut durchblutet. Über die Ohren strahlt ein Elefantenkörper Wärme ab. Afrikanische Elefanten leben meistens in schattenlosen Steppen. Ihre Verwandten, die indischen Elefanten, leben dagegen in Wäldern. Sie sind der brennenden Sonne weniger ausgesetzt und brauchen keine so große Kühlvorrichtung. Deshalb haben sie auch viel kleinere Ohren.

Warum hecheln Hunde?

Der Körper eines Tieres heizt sich nicht nur dann auf, wenn er der prallen Sonne ausgesetzt ist. Auch bei körperlicher Anstrengung, wenn zum Beispiel die Muskeln stark beansprucht werden, erhöht sich die Körperwärme.
Menschen haben dabei einen riesigen Vorteil. Auf ihrer Haut sitzen Drüsen, die bei Anstrengung Schweiß absondern. Der Schweiß verdunstet, und das kühlt die Haut (und das in den Blutgefäßen unter der Haut fließende Blut) ab. Auch Pferde können schwitzen, Hunde dagegen nicht. Stattdessen haben sie eine lange, feuchte Zunge. Wenn es ihnen zu heiß wird, lassen sie die Zunge aus dem Maul hängen und hecheln. Dabei blasen sie Atemluft über die feuchte Zunge. Der Speichel verdunstet, und die Zunge wird gekühlt. Das durch die Zunge fließende abgekühlte Blut fließt anschließend durch den ganzen Körper. Wie gut das funktioniert, merken wir am besten, wenn wir an einem warmen Tag aus dem Schwimmbecken steigen. Das Wasser auf der Haut verdunstet und wir frösteln.

Weshalb sehen Affen und Eulen in Stereo?

Die beiden Augen helfen vielen Lebewesen, die Dinge räumlich zu sehen und Entfernungen besser abzuschätzen. Die verschiedenen Blickwinkel ermöglichen die so genannte Stereoskopie. Jedes Auge liefert ein eigenes Bild, das im Gehirn zu einem Gesamtbild zusammengesetzt wird. Daraus wird deutlich, wie weit ein Gegenstand entfernt ist. Tiere, die viel in Bäumen herumturnen, müssen Entfernungen ganz genau einschätzen können, damit sie nicht danebengreifen. Deshalb blicken beispielsweise bei Affen beide Augen nach vorne. So können sie den Ast mit beiden Augen gleichzeitig wahrnehmen. Eulen brauchen den Stereoblick aus den beiden vorne im Gesicht sitzenden Augen, um genau einschätzen zu können, wie weit ein Beutetier entfernt ist.

Was würde ein einäugiges Tier sehen?

Auch Menschen können in Stereo sehen. Wie wichtig das ist, kann man durch ein kleines Experiment ausprobieren. Bei einem Faden, der in Reichweite der Hände vor unseren Augen hängt, können wir die Entfernung zum Kopf leicht und sicher abschätzen – solange wir mit beiden Augen gucken. Mit einem verbundenen Auge ist das viel schwerer. Wenn man versucht, den Faden mit dem ausgestreckten Finger zu treffen, wird man vermutlich ins Leere greifen. Sobald beide Augen geöffnet sind, können wir Entfernungen viel besser einschätzen.

Warum haben Hasen und Fische die Augen seitlich am Kopf?

Augen, die vorne im Gesicht sitzen, haben einen Nachteil. Sie erblicken nur das, was direkt vor dem Gesicht vorgeht. Wenn sich ein Affe oder eine Eule umgucken will, muss das Tier den Kopf wenden – und sieht in diesem Augenblick nicht mehr, was vor ihm liegt. Bei Tieren wie den Hasen, Pferden und den meisten Fischen und Vögeln sitzen die Augen seitlich am Kopf. Diese Tiere haben ein sehr weites Gesichtsfeld und erkennen, was rund um sie vorgeht. Bei Gefahr von schräg hinten können sie sofort die Flucht ergreifen. Wenn sie allerdings einen Gegenstand angucken wollen, der direkt vor dem Maul oder vor dem Schnabel liegt, müssen sie den Kopf drehen oder den ganzen Körper wenden.

Entwickeln sich alle Tiere aus einem Ei?

Nicht alle Tiere schlüpfen aus einem Ei, das außerhalb des mütterlichen Körpers ausgebrütet wird. Aber fast alle Tiere entwickeln sich aus einer winzigen Eizelle, die vom Muttertier stammt. Bei den meisten Tierarten vereinigt sich diese Zelle bei der Befruchtung mit der Samenzelle des Vatertieres. In der befruchteten Eizelle sind alle Baupläne für die Entwicklung des Tieres von der Eizelle zu einem ausgewachsenen Tier enthalten. Die Eizelle teilt sich, und die neuen Zellen teilen sich wiederum. Der Embryo wächst und entwickelt sich von einem winzigen Zellklümpchen in ein lebensfähiges Lebewesen.

Haben alle Eier einen Dotter?

Die Energie, die der Embryo zum Aufbau seines Organismus benötigt, bezieht er aus seiner unmittelbaren Umgebung. Die Eier aller Tiere haben eine Art Proviantpaket, den Dotter. Dieser Vorrat an Nährstoffen hilft den winzigen Embryos, so lange am Leben zu bleiben, bis sie ihre Nahrung aus anderen Quellen bekommen. Bei den meisten Tierarten ist dieser Dottervorrat sehr klein. Er reicht nur für die ersten Stunden und Tage des Lebens. Dann müssen diese unfertigen Lebewesen die Nährstoffe, die sie für das Wachstum brauchen, anderswoher beziehen.
Der Dotter in Vogeleiern dagegen reicht bis zum Schlüpfen.

Warum machen manche Tiere ein Larvenstadium durch?

Die Natur hat drei verschiedene Verfahren entwickelt, um unfertige Tiere mit Nährstoffen zu versorgen. Die Eier vieler wirbelloser Tiere (das sind Tiere ohne Knochengerüst) verwandeln sich sehr schnell in Lebewesen, die bereits selbstständig fressen können, aber immer noch keine fertigen Tiere sind. Sie durchlaufen ein Larvenstadium. Als Larven von Käfern oder Schmetterlingen können sie sich selbst ihre Nahrung suchen und wachsen. Später verändern sie ihren ganzen Körperbau und werden zu erwachsenen Tieren ihrer Art.

Warum müssen Vögel ihre Eier ausbrüten?

Das Muttertier legt das Ei, und der Embryo steckt in einer harten Schale. Der größte Teil des Eies besteht aus Dotter. Dieses Nährstoffpaket ernährt den Embryo, der im Ei heranwächst. Die Eltern bebrüten das Ei. Damit sorgen sie dafür, dass es das Ei immer warm genug hat. (Manche Tiere legen die Eier einfach in die Sonne oder vergraben sie im warmen Sand.) Schließlich ist der Embryo im Ei so groß, dass er aus dem Ei schlüpfen muss. Nun kann sich das Jungtier selbst Nahrung suchen. Auf diese Weise kommen Vögel und die meisten Reptilien zur Welt.

Warum haben manche Tierarten so viele Nachkommen?

In der Tierwelt gibt es zwei Wege, für eine ausreichende Zahl von Nachkommen zu sorgen: Entweder die Tiere haben nur wenige Junge, auf die die Eltern dann besonders gut aufpassen. Oder sie haben ungeheuer viele Junge, von denen dann immer nur einige wenige überleben – gerade genug, um die Art zu erhalten. So machen es die Insekten, die Spinnen, viele Arten von Amphibien und Reptilien und die meisten Fische. Die Fischweibchen der meisten Arten geben enorme Mengen an winzigen Eiern ab, die erst außerhalb des weiblichen Körpers mit den Samen des Männchens in Kontakt kommen. Damit sind sie befruchtet, und im Ei kann sich ein Junges entwickeln.

Warum können Tiere auch im Wasser hören?

Das, was ein Lebewesen als Schall wahrnimmt, einen Ruf, einen Knall oder zum Beispiel ein Klavierkonzert, ist eigentlich nichts anderes als eine Folge von Vibrationen in der Luft oder im Wasser. Wenn sich in der Umgebung etwas rührt, werden die Luftteilchen angestoßen. Sie schwingen, und diese schnellen und winzigen Schwankungen von Luftdruck und Wasserdruck breiten sich aus, so wie sich Wellen auf der Wasseroberfläche ausbreiten, wenn man einen Stein hineinwirft. Beim Hören werden bestimmte Sinneszellen auf der Haut angeschlagen. Bei Säugetieren übertragen sich die Schwingungen auf das Trommelfell. Dieses straff gespannte Hautstückchen vor dem Mittelohr wird von den Luftmolekülen rhythmisch angestoßen. Je

schneller und stärker die Luftteilchen schwingen, desto lauter und höher sind die Töne. Das Ohr verstärkt die Vibrationen und übersetzt sie in Nervenimpulse.
Diese Signale werden vom Gehirn verarbeitet. Aus Druckschwankungen werden so Töne und Klänge. Das alles funktioniert in der Luft ebenso wie im Wasser.

Warum interessieren sich Verkehrsplaner für Vögel?

Ingenieure wollen den Tieren die Geheimnisse der Natur abschauen. Beispielsweise haben Vögel und Insekten, die in Schwärmen fliegen, ein perfektes „Verkehrsleitsystem" entwickelt. Die Tiere stehen miteinander so gut in Verbindung, dass sie im Flug einander weder zu nahe kommen noch einander verlieren. Dabei gibt es keinen Chef, der Kommandos gibt. Die Entscheidungen, wohin und wie schnell geflogen wird, werden fast gleichzeitig von allen Mitgliedern des Schwarms getroffen. Wie das genau funktioniert, weiß man noch nicht. Doch eines Tages hofft man, dieses Geheimnis lüften zu können.
Dann kann man hoffentlich auch bald ein gut funktionierendes technisches System entwickeln, das den Straßenverkehr in Städten und auf Autobahnen vernünftig regelt.

Warum kommen Delfine so schnell voran?

Wenn ein fischförmiges Tier durchs Wasser gleitet, bilden sich normalerweise winzige Wirbel. Diese Turbulenzen bremsen den Schwimmer. Delfine und Haie lösen dieses Problem auf unterschiedliche Art. Die glatte Haut der Delfine ist nicht straff, sondern elastisch. Sie buchtet sich beim Schwimmen an vielen kleinen Stellen ein. Dabei wird Wasser an der Haut festgehalten. Beim schnellen Schwimmen ist der Delfin in eine Schicht von Wasser eingehüllt, die er mit sich führt. An dieser „eigenen" Wasserschicht kann das Wasser, durch das der Delfin schwimmt, fast ohne Reibungsverlust vorbeigleiten. Und es bilden sich weniger Wirbel.

Wie sparen Haie beim Schwimmen Energie?

Ähnlich energiesparend wie die Delfinhaut ist auch die raue Haut schnell schwimmender Hochseehaie. Auch hier hält eine raue Oberfläche einen Wasserfilm fest, und der Hai gleitet – Wasser an Wasser – durch das Meer. Dieser Trick funktioniert übrigens auch in der Luft. Man hat herausgefunden, dass eine der Haihaut nachempfundene raue Oberfläche von Flugzeugflügeln die Luft besser vorbeiströmen lässt. Flugzeuge mit dieser rauen „Haihaut" verbrauchen ein bis zwei Prozent weniger Treibstoff als Flugzeuge mit glatter Oberfläche. Das sind pro Flugzeug und Jahr immerhin zirka fünfzehn Tonnen Benzin.

Empfinden Fische auch Schmerzen?

Das Verhalten und Aussehen von Fischen ist völlig anders als das der uns vertrauten Tiere. Fische haben diesen starren Blick, aus dem Menschen viel weniger ablesen können als aus dem Blick von Säugetieren. Fische haben eine den Menschen nicht verständliche Körpersprache. Sie leben in einer uns Luftwesen fremden Umwelt, und sie sind stumm, was nichts weiter bedeutet, als dass wir ihre Rufe nicht hören können. Deshalb kann man sich schwer vorstellen, dass sie ähnlich Schmerzen empfinden wie Menschen, Affen, Hunde oder Schweine. Doch ein Blick auf ihr Nervensystem zeigt, dass Fische sehr wohl schmerzempfindliche Lebewesen sind. Vor allem ihr Seitenlinienorgan ist überaus empfindlich. Hier sind die Nervenenden besonders dicht gepackt. Fische nehmen damit die leisesten Druckschwankungen im Wasser wahr.

Warum schließen sich Fische oder Vögel zu Schwärmen zusammen?

Um an seine Beute zu kommen, muss ein Raubtier ein einzelnes Tier vor der Nase haben. Das ist gar nicht so einfach. Die auf hoher See lebenden Fische schließen sich nämlich zu Schwärmen zusammen, sobald ein Raubfisch auftaucht. Und auch Vögel bleiben bei Gefahr oft in der Gruppe. Räuber können nämlich keine Schwärme fangen, sondern immer nur einzelne Beutetiere. Der Jäger muss sich auf einen einzelnen Fisch konzentrieren. Das Durcheinanderschwimmen und der Flug im Schwarm machen ihm das sehr schwer. Kaum hat er ein mögliches Opfer im Visier, schwimmt oder fliegt ein anderes davor, und der Räuber muss sich auf einen neuen Zielpunkt einstellen.

Warum mögen Katzen keine Schokolade?

Bei fast allen Säugetieren sitzt der Geschmackssinn auf der Zunge. Winzige Höcker, die Geschmacksknospen, reagieren auf die chemische Zusammensetzung der Nahrung. Damit erkennt ein Tier, ob das, was es im Maul hat, ihm auch zuträglich ist. So wie wir Menschen können fast alle Säugetiere zwischen den Geschmacksqualitäten süß und sauer, salzig und bitter unterscheiden.

Nur Katzen haben keinen Sinn für Süßigkeiten, weil ihnen genau die Geschmacksknospen fehlen, die auf süße Stoffe ansprechen. Für Katzen schmeckt Schokolade nach gar nichts. Hunde dagegen können sehr gut unterscheiden, ob etwas süß oder nicht süß schmeckt. Und viele Hunde sind auch wirklich scharf auf Süßes.

Wie funktioniert die Nahrungskette im Meer?

In den Meeren leben winzige Kleinstlebewesen, die als Wolken, bestehend aus Tierchen und Algen, nahe der Wasseroberfläche schweben: das Plankton. Es bildet die Grundlage für das Leben fast aller Meeresbewohner. Es ist der Beginn der Nahrungskette: Kleine Tiere ernähren sich von Plankton. Sie werden von den größeren Tieren gefressen, und diese Fische oder anderen Fleisch fressenden Wassertiere dienen den nächstgrößeren als Nahrung. Am Ende der Nahrungskette stehen die „Endverbraucher“ – die großen Raubfische. Sie haben in der Regel keine Fressfeinde zu fürchten, sondern sterben meistens an Krankheiten. Ihre Kadaver werden dann allerdings von Aasfressern verspeist und von Bakterien zersetzt.

Warum fressen die größten Wassertiere die kleinsten Beutetiere?

Einige sehr große Meeresbewohner fressen Plankton: Das sind tierische und pflanzliche Lebewesen, die im Wasser schweben. Zu den Planktonfressern gehören Meeressäugetiere wie die Bartenwale (zum Beispiel der Finnwal oder der Blauwal), aber auch manche großen Haien und Verwandte des Hais, wie der Riesenmanta. All diese Giganten haben spezielle Techniken entwickelt, um ihre Nahrung aus der „Suppe" des Meeres zu filtern. Bartenwale, Riesenhaie und Mantas müssen sich nicht auf der Jagd nach anderen Tieren abhetzen, sondern sie ernten einfach, was im Wasser an Kleinstlebewesen so herumschwimmt. Ruhig und gemächlich treiben sie dahin, während sie filtern und fressen. Dies ist wahrscheinlich die effektivste Art, die im Meer vorhandene Nahrungsenergie auszunutzen.

Weshalb gibt es keine hundegroßen Insekten?

Wirbeltiere haben ein inneres Knochengerüst, Insekten nicht. Deshalb können sie nicht so groß werden wie Wirbeltiere. Solche Monsterinsekten würden unter ihrem eigenen Gewicht zusammenbrechen. Insekten, Spinnen und andere skelettlose Tiere haben gewissermaßen ein segmentiertes Außenskelett, ihren Chitinpanzer. Je größer das Gewicht eines Insekts wäre, desto eher würden sich die inneren Organe gegenseitig zerquetschen. Große Insekten wie die Libellen haben daher allesamt lang gestreckte, zierliche Formen. Die größte Libelle aller Zeiten war ungefähr so groß wie eine Möwe. Sie hatte eine Flügelspannweite von 70 Zentimetern. Dieses Insekt lebte vor etwa 280 Millionen Jahren. Die Urlibelle konnte nicht viel mehr als hoch- und niederschweben. Mehr war auch nicht nötig – es gab ja keine Landtiere, die diese unbeholfenen Riesenflieger hätten jagen und fangen können. Das größte Insekt unserer Zeit ist die Stabheuschrecke. Sie wird bis zu dreißig Zentimeter lang.

Warum können Mäuse nicht so klein wie Ameisen sein?

Wirbeltiere wie Säugetiere und Vögel müssen eine bestimmte Mindestgröße haben, um lebensfähig zu sein. Das Mindestgewicht liegt bei etwa zwei Gramm; so schwer werden Kolibris und Spitzmäuse. Bei noch kleineren Tieren würde das Knochenskelett nicht mehr funktionieren. An den Knochen könnten keine Muskeln mehr ansetzen, und die winzigen Gehörknöchelchen wären bei solchen Miniaturausgaben nur Bruchteile von Millimetern groß. Sie könnten ihre Aufgabe nicht mehr erfüllen. Auch komplizierte Organe, wie das Herz, können nicht nach Belieben verkleinert werden. Dazu kommt, dass winzig kleine Wirbeltierchen bei der Geburt ja noch wesentlich kleiner wären als die erwachsenen Tiere (Insekten und andere winzige Tiere haben in der Regel nicht so komplizierte Organe).

Weshalb kämpfen Artgenossen oft nach „ritterlichen Regeln“?

Wenn es zu Auseinandersetzungen zwischen Artgenossen kommt, werden die Kämpfe zumeist nach festen Regeln ausgetragen. Wie bei den Turnieren der mittelalterlichen Ritter geht es darum, herauszufinden, wer der Stärkere ist – nicht darum, den Gegner umzubringen. Der Schwächere wird auf „ritterliche Weise“ geschont. Er zeigt durch sein Verhalten, dass er aufgibt. Wölfe zum Beispiel wenden dem stärkeren Gegner ihre verwundbare Kehle zu. Der könnte nun zubeißen und dem Rivalen ein für alle Mal den Garaus machen. Doch das tut er nicht. Dem Sieger reicht es zu wissen, dass er gewonnen hat und künftig einen höheren Rang einnimmt. Der Verlierer trollt sich. Gerade Raubtiere (Wölfe, Löwen und auch Haie) verhalten sich besonders ritterlich. Wäre das nicht so, würden die Sieger die Verlierer umbringen, dann wären viele Tierarten längst ausgestorben.

Warum haben friedliche Herdentiere keine Freunde?

Graugänse zählen zu den wenigen Tierarten, bei denen die Tiere untereinander richtige Freundschaften schließen können. Wenn ein Freund stirbt, dann trauert der hinterbliebene Partner oft viele Wochen lang. Er lässt den Kopf hängen, interessiert sich für nichts und frisst wenig. Ein ähnliches Verhalten hat man auch bei Wölfen beobachtet.
Friedliche Herdentiere (Kühe oder Gazellen) leben dagegen nebeneinander her. Sie berührt es kaum, wenn ihr Weidenachbar tot umfällt.
Eine Ausnahme bilden die Elefanten, die sich um verletzte Artgenossen kümmern und um tote Herdenmitglieder trauern. Verhaltensforscher vermuten, dass nur solche Tiere Freundschaften schließen können, die auch persönliche Feinde in ihrer Gruppe haben, so zum Beispiel Graugänse, Wölfe und Menschen.

Welchen Vorteil haben Muttermilchtrinker?

Bei Säugetieren ernähren die Mütter ihre Jungen mit einer nährstoffreichen Flüssigkeit, die im Körper der Mutter erzeugt wird. Die Jungen saugen diese Muttermilch aus den Milchdrüsen der Weibchen. Diese Erfindung der Natur hat große Vorteile. Die Jungen können in aller Ruhe schlafen, saugen, schlafen, saugen – und dabei wachsen. Die Mutter sucht währenddessen Nahrung. Sie frisst für die Jungen mit: Ein Teil der Energie, die vom Muttertier aufgenommen wird, geht in die Muttermilch.
Diese nahrhafte, fette Flüssigkeit enthält genau jene Nährstoffe, die die Babys der jeweiligen Tierart brauchen. Sobald das Säugetier erwachsen ist, trinkt es keine Milch mehr. Die Menschen in der westlichen Welt sind die einzigen Säugetiere, die noch als Erwachsene Milch trinken – allerdings die Muttermilch von Rindern.
In asiatischen Ländern wie China und Japan trinken die Menschen keine Milch. Dort hält man es für eine merkwürdige und unappetitliche Idee, die Milch von Tieren zu trinken.

Gibt es Säugetiere, die Eier legen?

Australien ist die Heimat von vielen merkwürdigen Tieren. Das Schnabeltier und der Ameisenigel sind die einzigen Säugetiere, die Eier legen und die aus den Eiern geschlüpften Jungen mit Muttermilch versorgen.

Saugen alle Säugetiere?

Neugeborene Säugetiere sind vollkommen von der Mutter abhängig. Normalerweise haben junge Säugetiere ein weiches Maul. So können sie die Milch aus den Zitzen der Mutter saugen – daher auch der Name Säugetiere. Bei einigen Säugetierarten funktioniert die Sache etwas anders. Wale und Delfine zum Beispiel haben ein hartes Maul, das man auch Schnabel nennt. Delfinmütter spritzen deshalb die Muttermilch direkt in den geöffneten Schnabel des kleinen Delfins. Noch merkwürdiger liegt der Fall bei den eierlegenden Säugetieren, von denen es nur zwei Arten gibt. Die Schnabeltiermutter schwitzt ihre Milch durch Drüsen auf der Haut. Die Milch dringt durch das stachelige Fell nach außen, und die Jungen lecken die Milchtröpfchen ab. Auch bei den Ameisenigeln dringt die Milch durch die weiche Haut am Bauch der Mutter und sammelt sich in Hautfalten. Hier lecken die kleinen Ameisenigel die Muttermilch auf.

Warum können Landsäugetiere nicht so groß werden wie Dinosaurier?

Landlebende Warmblüter, wie Säugetiere und Vögel, brauchen bis zu zwölfmal mehr Nahrungsenergie als gleich große wechselwarme Tiere. Selbst wenn ein landlebendes Säugetier von der Größe eines 50 Tonnen wiegenden Dinosauriers nichts anderes täte als fressen, fressen und wieder fressen, würde es verhungern. Der Riese könnte sich gar nicht genug Futter ins Maul stopfen. Außerdem hätte es bald alles verfügbare Grünzeug rundherum aufgefressen und müsste ständig wandern, was wiederum viel Energie kosten würde. Anders liegt der Fall bei großen Meeressäugern, zum Beispiel den Walen. Dem Blauwal schwimmt das nährstoffreiche Plankton ins Maul, ohne dass er sich besonders anstrengen muss. Blauwale verzehren täglich bis zu vier Tonnen Plankton.

Warum glaubte man zuerst nicht an Schnabeltiere?

Als im 18. Jahrhundert Forschungsreisende die ersten ausgestopften Schnabeltiere aus dem neu entdeckten Erdteil Australien nach England brachten, hielten die Zoologen die ganze Sache für einen üblen Scherz. Erstens erschien es den Fachleuten unmöglich, dass ein Tier Eier legen und die ausgeschlüpften Jungen mit Muttermilch füttern könnte. Zweitens sahen die ausgestopften Schnabeltiere aus wie aus verschiedenen Arten zusammengestoppelt: Sie hatten einen entenartigen Schnabel, den Körper eines Otters und den Schwanz eines Bibers. Unmöglich! Und doch war es wahr.

Wozu braucht das Schnabeltier seinen Schnabel?

Erst vor hundert Jahren wurde es amtlich: Schnabeltiere sind keine Fabelwesen. Das Schnabeltier ist etwa einen halben Meter groß. Es hat typische Merkmale sowohl von Säugetieren als auch von Reptilien. Es lebt als Wassertier in Flüssen und Teichen und ernährt sich hauptsächlich von Weichtieren und Krebsen, die es am Grund aufstöbert. Der breite Schnabel ist weich und empfindlich. Mit ihm scharrt es das Flussbett auf und zieht Würmer aus der Erde.

Was sind Beuteltiere?

Beuteltiere sind urtümliche Säugetiere mit merkwürdigen Eigenschaften. Zu ihnen gehören die Kängurus, die Koalas und die Opossums. Dieser Säugetiertyp hat seinen Namen von der Hautfalte der Mutter, in der die winzigen Babys nach der Geburt mitgetragen werden und heranwachsen. Auch die Milchdrüsen sitzen in diesem Beutel. Die Kleinen wachsen nicht wie alle anderen Säugetiere im Bauch der Mutter. Neugeborene Kängurus sind nur etwa zwei Zentimeter groß. Sie krabbeln sofort nach der Geburt in den Beutel, wo sie so lange bleiben, bis sie auf eigenen Beinen herumhüpfen und Gras fressen können.

Gab es noch andere Beuteltiere?

Heute gibt es auf der Erde nur noch 350 Arten von Beuteltieren. Den anderen Typ von Säugetieren nennt man Plazenta-Säugetiere. Bei ihnen entwickelt sich das Baby in der Gebärmutter, der Plazenta, im Bauch der Mutter. Die meisten Beuteltiere leben in Australien. In der Urzeit der Säugetiere gab es fast alle Säugetierformen, die wir heute kennen, in einer Beuteltierversion. Diese Tiere waren auch in den anderen Erdteilen weit verbreitet. Durch die Erde grub sich der Beutelmaulwurf, im Wasser jagten Beutelotter, Beutelwölfe strichen in Rudeln über Land, Beutelkatzen sahen unseren Löwen und Tigern verblüffend ähnlich. Es gab Beuteldachse, Beutelratten, Beutelkaninchen und sogar einen dreieinhalb Meter langen, massigen Pflanzenfresser, der an ein Nilpferd erinnerte. In Aussehen und Lebensweise glichen diese Urtiere den heutigen Maulwürfen, Wölfen, Tigern oder Kaninchen. Dennoch waren sie eine eigenständige Entwicklung der Natur.

Welches Tier fällt bei Gefahr in Ohnmacht?

Die in Amerika beheimateten Opossums sind weder sehr schlau noch sehr flink. Sie haben keine Tarnfarbe, und sie können sich nur schlecht gegen ihre zahlreichen Feinde, zum Beispiel Hunde, Wölfe und Greifvögel, verteidigen. Um trotzdem zu überleben, haben diese höchstens einen halben Meter großen Beuteltiere einen sehr wirksamen Trick entwickelt. Wenn sich das Opossum bedroht fühlt und nicht mehr fliehen kann, fällt es kurzerhand in einen totenähnlichen Schlaf. Das Tier wird schlaff, die Zunge hängt ihm heraus, und der Angreifer ist irritiert. Oft wendet er sich von diesem vermeintlichen Stück Aas ab und das Opossum überlebt.

Wie funktioniert der Opossumtrick?

Der Scheintod des Opossums ist kein Trick. Der Allesfresser fällt tatsächlich in eine Art Koma. Das Gehirn setzt aus, das Herz schlägt ganz langsam und das Opossum hört praktisch auf zu atmen. Dieser Zustand kann ein oder zwei Stunden dauern. Dann rappelt sich das Opossum wieder auf – sofern es nicht das Pech hatte, aufgefressen worden zu sein. Die Opossums zählen zu den ältesten Säugetieren. Trotzdem haben sie sich bestens an die moderne Welt angepasst. Sie kommen auch in dicht besiedelten Gebieten gut zurecht. Oft suchen sie ihre Nahrung auf Müllkippen und rauben Abfalleimer aus.

Welchen Test müssen Opossumbabys bestehen?

Eine Opossummutter bringt meistens über zwanzig Junge zur Welt, die direkt nach der Geburt so klein sind, dass sie alle zusammen auf einen Teelöffel passen würden. Gleich nach der Geburt beginnt für die Winzlinge ein Wettlauf auf Leben und Tod. Denn es gibt viel weniger Zitzen als Junge. Das Virginia-Opossum zum Beispiel hat nur dreizehn Zitzen im Beutel. Die dreizehn Babys, die auf der acht Zentimeter langen Strecke am schnellsten krabbeln und als Erste im Beutel ankommen, haben es geschafft. Sie bekommen Milch. Die übrigen Opossumjungen müssen verhungern.

Wie schützt der Schwimmbeutler seine Jungen vor dem Ertrinken?

Der amerikanische Schwimmbeutler ist das einzige Beuteltier, das fast sein ganzes Leben im Wasser verbringt. Das rattenartige, zirka dreißig Zentimeter lange Tier trägt seine vier bis sechs Jungen im Beutel herum. Damit die Babys bei der Unterwasserjagd auf Fische, Krebse und Weichtiere nicht ertrinken, kann die Mutter ihren Beutel durch starke Ringmuskeln wie mit einem Gummizug wasserdicht abschließen.

Welche Beutelmaus kann sich nur einmal im Leben paaren?

Die Männchen der Breitfußbeutelmaus können sich nur ein einziges Mal im Leben mit einem Weibchen paaren. Die Werbung um die Mäusin dauert fünf Stunden lang, und die ganze Sache ist so anstrengend, dass das Männchen anschließend vor Erschöpfung stirbt. Die Weibchen dieser Beuteltierart können mehrere Male im Leben Junge bekommen. Die neugeborenen Beutelmäuse, meistens sechs oder sieben, klammern sich aus Leibeskräften an die Mutter. Der Beutel der Beutelmaus ist nämlich so klein, dass die Jungen gar nicht hineinpassen. Sie halten sich also an den Zitzen fest. Erst wenn die Jungen so groß und schwer sind, dass sich die Mutter nur noch mühsam dahinschleppen kann, lassen die Kleinen los und stehen auf eigenen Beinen.

Welche Tiere trinken ihr Leben lang nichts?

Die Kammschwanzbeutelmaus lebt in einer der trockensten, heißesten und lebensfeindlichsten Gegenden der Welt: in Zentralaustralien. Dort jagen die zur Tierfamilie der Raubbeutler gehörenden rattengroßen Tiere Insekten, Eidechsen und junge Schlangen. Alle Flüssigkeit, die die Beutelmaus braucht, nimmt sie über die Beutetiere auf. Sie selbst trinkt ihr Leben lang keinen einzigen Tropfen Wasser. Und sie ist auch sehr sparsam, was ihre Ausscheidungen betrifft. Ihre Nieren nutzen die aufgenommene Flüssigkeit fast vollkommen aus und geben Urin nur in stark konzentrierter Form ab.

Auch andere Wüstenbewohner, wie die Kängururatte, haben sich das Trinken abgewöhnt und ihren Organismus dadurch extrem gut an die Wüste angepasst.

Was fressen Koalabären?

Die australischen Koalabären sind mit unseren Bären nicht verwandt. Sie gehören zu den Beuteltieren. Ihre Jungen bleiben nach der Geburt ein halbes Jahr lang im Beutel am Bauch der Mutter. Wenn das Junge zu groß und zu schwer für das Leben im engen Beutel wird, klettert es heraus und verbringt die nächsten Monate festgeklammert auf dem mütterlichen Rücken. Anders als die echten Bären, die es in Australien nicht gibt, sind die Koalas auch keine Allesfresser. Sie fressen ausschließlich Blätter und Knospen bestimmter Eukalyptusbaumarten.

Welches Tier hinterlässt bei jedem Schritt fünf Abdrücke?

Der in Australien lebende Kurznasenbeutler hinterlässt eine merkwürdige Fährte. Zwischen den Fußabdrücken sieht man manchmal auch einen kleinen stumpfen Abdruck. Er stammt von der Nase des etwa 30 Zentimeter langen Beuteltieres. Kurznasenbeutler fressen nämlich Würmer und andere Weichtiere, die sie mit ihrem Geruchssinn unter der Erde aufspüren. Dazu drücken sie bei Beutegängen die Nase bei jedem Schritt in die Erde.

Wie kommt das kleine Känguru in den Beutel der Mutter?

Kleine Kängurus kommen nicht im schützenden Beutel der Mutter zur Welt, sondern außerhalb. Gleich nach der Geburt müssen sich die nur haselnussgroßen, blinden und tauben Winzlinge auf den Weg in den Beutel machen. Sie kriechen vom Geburtskanal, der zwischen den Beinen liegt, den Bauch der Mutter hoch und klettern in den Beutel. Hier drinnen finden sie die winzigen Zitzen. Nun kann der Däumling zum ersten Mal Milch trinken. Das nächste halbe Jahr verbringen die Babys im mütterlichen Beutel. Erst dann verlassen sie den Beutel, um zum ersten Mal auf eigenen Beinen zu hüpfen. Doch beim ersten Anzeichen einer Gefahr klettern sie wieder zurück in den Beutel der Mutter. Es dauert noch ein weiteres halbes Jahr, ehe das Junge endgültig zu groß ist, um sich in den Beutel zu zwängen. Von nun an muss es selbst zurechtkommen.

Warum hat ein Känguruweibchen immer ein Junges bei sich?

Solange es genug Futter gibt, hat ein Känguruweibchen fast ständig ein Baby im Beutel. Sobald nämlich ein Junges groß genug ist, um den Beutel zu verlassen, kommt schon das nächste zur Welt. Kängurumütter haben immer ein ungeborenes Baby „in Reserve", das sie im Bauch „aufbewahren". Einen Tag, nachdem der Beutel leer ist, bringen sie es zur Welt.

Was macht die Kängurumutter bei Futterknappheit?

Längst nicht jedes Kängurubaby überlebt das erste Lebensjahr. Wenn in Dürrezeiten das Futter knapp ist und die Mutter nicht genug Milch erzeugen kann, wirft sie ihr Junges kurzerhand aus dem Beutel und lässt es verhungern. Die Natur kennt kein Mitleid. Jedes Mittel, die Art zu erhalten, ist ihr recht. So gesehen, ist es durchaus sinnvoll, dass die Mutter alle Nahrung für sich selbst verwendet. Das Junge würde ihr mit der Muttermilch Nährstoffe abzapfen, die sie selbst braucht, um überleben zu können. Müsste sie bei einer Hungersnot auch das Junge noch durchfüttern, würden vielleicht beide sterben. So aber hat die Mutter die besseren Chancen, die Hungersnot zu überstehen und später, wenn es wieder mehr Futter gibt, neue Junge zur Welt zu bringen.

Weshalb können Kängurus so gut springen?

Die Kängurus haben eine in der Tierwelt einzigartige Fortbewegungsweise entwickelt. Sie können lange Strecken in hohem Tempo im typischen Sprunglauf zurücklegen. Bei den weiten Sprüngen dient der dicke, muskulöse Schwanz als Steuerruder und sorgt dafür, dass im Sprung das Gleichgewicht erhalten bleibt. Was so mühsam aussieht, ist in Wirklichkeit eine ungemein kräftesparende Fortbewegungsart. Bei Geschwindigkeiten von über zwanzig Stundenkilometern verbrauchen die Hüpfer weniger Energie als ein gleich schweres Tier, das auf vier Beinen dasselbe Tempo laufen muss. Das ist deshalb möglich, weil die Sprunggelenke der Kängurus die Aufprallenergie wieder in Bewegungsenergie verwandeln: Ihre Sprunggelenke funktionieren wie Sprungfedern. Es ist erstaunlich, dass nur die Kängurus und keine anderen Tierarten einen so ausgefeilten Sprunglaufstil entwickelt haben.

Welches Tier baut eine Burg?

Der Biber muss beim Bau seiner Behausung sehr überlegt und planvoll vorgehen. Es reicht nicht aus, ein Höhlensystem mit Schlafräumen und Fluchtwegen zu graben. Das machen andere Tiere ebenso geschickt. Bei der Biberburg hingegen muss der Eingang unter Wasser liegen. Die Wohnung selbst jedoch muss trocken und deshalb über dem Wasserspiegel sein. Die Biberburg besteht aus einer Höhle im Flussufer oder aus einem Unterschlupf unter Ästen und Zweigen. Wer den Biber besuchen will, muss zuerst eine Strecke tauchen. Deshalb ist er vor Räubern und Störenfrieden gut geschützt.

Wie bauen Biber ihre Dämme?

Am einfachsten kann der Biber seine Burg bei Niedrigwasser im Trockenen bauen. Sobald die Burg fertig ist, flutet er den Eingang. Zu diesem Zweck errichten Biber aus Ästen und dünnen Baumstämmen Dämme, die ganze Bäche aufstauen. Nun steigt der Wasserspiegel, und der Eingang zur Höhle ist gut abgesichert. Diese Dammbauten sind wahre Meisterwerke. Die Biber fangen nicht irgendwo an, sondern wie erfahrene Baumeister dort, wo schon Felsen oder Baumstämme im Wasser liegen. Auf diese Stützen baut der Biber auf und konstruiert ein Geflecht aus dünnen Stämmen und Ästen. Zur Strömungsseite hin bringt er Schilf und Zweige an. Mit der Zeit werden Sand und Schlamm angespült, und der Biberdamm wird immer undurchlässiger. Der Stausee muss so tief sein, dass im Winter das Wasser nicht bis zum Grund friert. Denn dort, an der tiefsten Stelle, liegt die Vorratskammer der Biberfamilie. Hier legen sich die Tiere ihre Wintervorräte aus essbaren Zweigen an.

Was klauen Viscachas am liebsten?

Viscachas sind zirka fünfzig Zentimeter große Nagetiere, die in Höhlen im südamerikanischen Grasland leben. Sie haben die merkwürdige Angewohnheit, bei ihren Ausflügen an die Oberfläche alle möglichen kleineren Gegenstände mitzunehmen. Sie schaffen ihre Beute jedoch nicht in ihre Behausungen unter der Erde, sondern stapeln sie vor dem Eingang fein säuberlich auf: bunte Steine, kleine Knochen, Holzstücke und so weiter. Auch verendete Artgenossen schleppen die Viscachas aus dem Bau. Bei Menschen sind diese Nagetiere nicht eben beliebt, denn wenn sie ihre Bauten in der Nähe menschlicher Behausungen haben, dringen sie bisweilen auch in die Dorfhäuser ein und klauen alles, was klein genug ist. Auch dieses Diebesgut – Uhren, Löffel, kleine Schachteln – wird vor dem Höhleneingang aufgestapelt.

Welche Ratte opfert bei Gefahr ihren Schwanz?

Degusse sind rattenähnliche Verwandte der Meerschweinchen, die in Südamerika leben und oft große Schäden in Pflanzungen anrichten. Wird ein Degus am Schwanz festgehalten, zappelt er so heftig, dass der Schwanz abreißt und das Tierchen entkommen kann. Allerdings wächst der Schwanz nicht wieder nach. Der Trick gelingt also nur ein einziges Mal.

Was hamstern die Hamster?

Frei lebende Hamster (Feldhamster und Schwarzbauhamster) leben in ausgedehnten Höhlensystemen unter Wiesen und Feldern. Sie fressen Wurzeln, Kartoffeln und vor allem Getreidekörner. Vor dem Winterschlaf sammeln sie Getreidekörner ein, transportieren sie in ihren breiten Backentaschen in den Bau und häufen sie in unterirdischen Vorratskammern an. Pro Hamster oft bis zu zehn Kilogramm. Ihr Winterschlaf dauert von Oktober bis März. Aber zwischendurch steht der Hamster immer wieder auf, um von seinen Vorräten zu fressen.

Wieso legt der Hamster Trampelpfade an?

Hamster können sich gegen Feinde, die in der Lage sind, in ihre Bauten einzudringen, nicht verteidigen. Gegen Hermeline und Iltisse hilft nur rasche Flucht. Deshalb haben Hamster rund um ihre Bauten Fluchtwege angelegt: Trampelpfade, die der Hamster mehrmals am Tag durchläuft. Dabei prägt er sich alle Biegungen und Abzweigungen genau ein. Außerdem frisst er Stängel ab, die ihm bei einer Flucht im Weg sein könnten. Auch in stockdunkler Nacht findet der Hamster bei Gefahr seinen Fluchtweg.

Welches Säugetier ist mit zehn Monaten schon uralt?

Waldmäuse haben die kürzeste Lebenszeit aller Säugetiere. Sie werden höchstens zehn Monate alt. Von allen Säugetieren leben wir Menschen am längsten. Wir können hundertmal so alt werden wie eine Waldmaus. Elefanten und Nashörner erreichen ein Höchstalter von 50 bis 60 Jahren.

Wie viel frisst eine Ratte?

Seitdem Menschen in festen Behausungen wohnen, waren Hausratten immer dabei. Die etwa fünfundzwanzig Zentimeter lange Hausratte hat sich im Laufe der Geschichte so sehr an den Menschen angepasst, dass sie fast ausschließlich in seiner Nähe lebt. Hausratten sind Allesfresser, die sich von allen möglichen Abfällen, vor allem aber von Vorräten ernähren. Ratten sind ungeheuer gefräßig. Drei dieser Tiere brauchen so viel Nahrung wie ein Mensch, obwohl das Gewicht einer Ratte nur ein Hundertstel des Gewichtes eines Erwachsenen beträgt. Wenn man bedenkt, dass auf der Erde zwei- bis dreimal so viele Ratten leben wie Menschen, kann man ermessen, wie viel diese Tiere vertilgen. Ratten vermehren sich ungeheuer schnell. Ein Rattenweibchen kann unter idealen Bedingungen alle sechs Wochen bis zu zehn Junge zur Welt bringen.

Wie kommt die Riesenratte zu Futter?

Die afrikanische Riesenratte ist auf der einen Seite ein sehr gefräßiges, auf der anderen Seite jedoch auch ein überaus ängstliches und vorsichtiges Nagetier. Nur selten verlässt sie ihren sicheren Bau, und dann auch immer nur für möglichst kurze Zeit. Um dennoch an genügend Futter zu kommen, hält sich die Ratte bei ihren nächtlichen Ausflügen nicht lange damit auf, die Dinge, die sie findet, zu untersuchen. Sie packt einfach alle kleineren Gegenstände, die auf ihrem Weg liegen, in ihre Backentaschen. Mit voll gestopften Taschen kehrt sie so schnell wie möglich in ihren Bau zurück. Nun erst untersucht sie, was sie alles mitgebracht hat, und baut verschiedene Häufchen: eins für Steine, eins für Holzstückchen, eins für andere ungenießbare Dinge und schließlich ein Häufchen mit Fressbarem.

Welche Ratte springt aus dem Stand zwei Meter hoch?

Kängururatten sind mit den Kängurus nicht verwandt. Sie gehören zur Tierfamilie der Mäuse, von denen es 400 Arten gibt. Kängururatten heißen so, weil sie sich nach Art der Kängurus fortbewegen. Ihre Hinterbeine sind lang und kräftig, die Vorderbeine hingegen winzig und fast verkümmert. Die Tierchen können aus dem Stand zwei Meter hoch springen – eine unglaubliche Höhe für ein fingergroßes Tier. Mit ihrem unvermuteten Hochsprung verblüffen sie ihre Angreifer. Bevor der Feind aus dem Staunen herauskommt, ist die Kängururatte verschwunden.

Welche Ratte muss nie trinken?

Kängururatten leben in den trockenen Halbwüsten von Nordafrika und Nordamerika. Sie brauchen ihr Leben lang kein Wasser. Dabei ernähren sie sich nicht von saftigen Früchten oder wasserhaltigen Beutetieren, sondern von trockenen Grassamen. Also müssen sie Wasser sparen, wo immer das möglich ist. Kein Tropfen geht verloren. Auch bei größter Hitze schwitzen oder hecheln sie nicht, sondern graben sich in Höhlen im Wüstenboden ein. Die Höhlen werden nach außen hin abgedichtet. So geht nicht einmal die mit der Atemluft abgegebene Luftfeuchtigkeit verloren. Feste Ausscheidungen werden noch einmal gefressen, um die darin enthaltene Feuchtigkeit auszuwerten. Zur Nahrungssuche verlassen sie ihre Höhlen meist nur nachts.

Warum sind Winterschläfer im Herbst so fett?

Igel, Fledermäuse, Murmeltiere und andere Winterschläfer fressen in den Wochen vor Winterbeginn wie verrückt. Sie werden immer fetter. Dabei speichern sie Nahrungsenergie in Form des so genannten braunen Fettgewebes vor allem im Bereich von Nacken und Schultern. Fledermäuse zum Beispiel können damit ihr Gewicht sogar verdoppeln. Diese Art von Fett wird beim Winterschlaf langsam wieder abgebaut und versorgt das Blut mit Nährstoffen. Winterschläfer senken ihre Körpertemperatur auf eine Mindesttemperatur, die meistens zwischen null und fünf Grad liegt.

Wie lange dauert der Winterschlaf?

Kaum ein Winterschläfer schläft den ganzen Winter hindurch. Meistens wachen die Tier zwischendurch auf, um an Vorräten zu knabbern oder um sich etwas Bewegung zu verschaffen. Hamster beispielsweise schlafen nicht länger als eine Woche am Stück. Auch Fledermäuse wachen regelmäßig auf, um Wasser zu trinken und um zu pinkeln. Feldmäuse dagegen können Monate am Stück durchschlafen.

Wie schnell wachsen Nagezähne?

Bei den Säugetieren hören die Schneidezähne meist einfach auf zu wachsen, sobald sie eine bestimmte Größe erreicht haben. Anders liegt der Fall bei Nagetieren. Deren Vorderzähne, nämlich die Nagezähne, sind ihr wichtigstes Werkzeug. Die Nagezähne eines Meerschweinchens beispielsweise wachsen ein Leben lang, und zwar um fünfundzwanzig Zentimeter pro Jahr.

Wie pflegen Nagetiere ihr Gebiss?

Meerschweinchen, Ratten und andere Nager brauchen ständig etwas zu nagen, um ihre Nagezähne kurz zu halten. Würde man Nagetiere in einem Käfig halten, wo es nichts zu nagen gäbe, und ihnen nur Haferbrei vorsetzen, müssten sie bald verhungern. Sie könnten kein Futter mehr aufnehmen. Beim Nagen nutzen diese Tiere ständig ihre Nagezähne ab. Viele Meerschweinchen, die in Gefangenschaft gehalten werden, haben ernsthafte Zahnprobleme. Schon wenn die Nagezähne nur ein kleines Stück zu lang sind, können die Tiere nicht mehr richtig zubeißen. Da hilft nur der Tierarzt. Er feilt ihnen die Zähne auf die richtige Länge zurecht.

Welches Tier macht sich seinen Schatten selbst?

Der buschige Schwanz der Eichhörnchen ist nicht bloßer Schmuck. Bei kaltem Wetter kann sich das Eichhörnchen darin einhüllen. Bei praller Sonne dient er als Sonnenschutz. Das Eichhörnchen streckt ihn hoch und sitzt im selbst gemachten Schatten. Der ungefähr zwanzig Zentimeter lange Schweif ist fast so lang wie das Eichhörnchen selbst. Bei weiten Sprüngen wirkt er wie das Steuerruder eines Flugzeugs. Er sorgt dafür, dass sich das Eichhörnchen im Flug nicht dreht und immer mit den Beinen voran ankommt. Außerdem haben Eichhörnchen eine recht komplizierte Schweifsprache entwickelt. Durch Heben, Senken, Wedeln und Wippen mit dem Schwanz verständigen sie sich untereinander.

Warum hinterlassen Schneehasen kaum Geruchsspuren?

Schneehasen haben gute Chancen, Verfolgern wie Füchsen oder Wölfen zu entkommen. Dank ihrer „Schneeschuhe" sinken sie im weichen Schnee kaum ein. Und auf glatter und harter Oberfläche sind ihre Fährten nicht nur unsichtbar, sondern auch unriechbar. Schneehasen treten nicht mit der Fußsohle auf, sondern mit den steifen Borsten an den Füßen, die viel weniger Geruchsspuren hinterlassen als Sohlen.

Warum boxen Hasen miteinander?

Im Frühling, zur Paarungszeit der Hasen, kann man auf Waldwiesen mit etwas Glück regelrechte Boxkämpfe beobachten. Die Hasen richten sich auf und trommeln mit den kurzen Vorderpfoten aufeinander los. Die sonderbaren Boxkämpfe werden zwischen Männchen und Weibchen ausgetragen und sind Teil der Brautwerbung. Vor der Boxrunde jagen die beiden Partner einander nach. Erst dann stellen sie sich zum Kampf auf. Ernst wird die Auseinandersetzung nur dann, wenn das Weibchen zur Paarung nicht bereit ist, dann gibt es dem Männchen kräftig eins auf die Nase.

Warum können Spitzmäuse keine Nacht durchschlafen?

Spitzmäuse sind keine Pflanzen fressenden Nagetiere wie die Hausmäuse, sondern richtige kleine Räuber. Sie machen Jagd auf Insekten und größere Tiere wie Frösche. Ihr Leben ist fast völlig mit der Suche nach Nahrung ausgefüllt. Das Herz der Winzlinge schlägt über tausendmal pro Minute – fünfzehnmal schneller als das Herz eines Menschen. Sie müssen fast ununterbrochen fressen, um nicht zu verhungern. Ihr unersättlicher Appetit reißt sie sogar aus dem Schlaf. Schon nach zwei, drei Stunden Schlaf müssen sie wieder auf Nahrungssuche gehen.

Was machen Spitzmäuse im Winter?

Manche Arten von Spitzmäusen brauchen Tag für Tag so viel Futter, wie sie selbst wiegen. Deshalb halten Spitzmäuse auch keinen Winterschlaf. Sie könnten sich im Herbst unmöglich so viel Fett anfressen, um die Kälteperiode ohne Nahrung zu überdauern. Auch die fetteste Spitzmaus würde nach wenigen Tagen verhungern. Spitzmäuse graben auch im Winter unterhalb der gefrorenen Erdschicht nach Würmern und anderen Kleintieren.

Warum gehen Spitzmausbabys nicht verloren?

Die Jungen der Weißzahnspitzmaus können auch dann nicht verloren gehen, wenn sie gemeinsam mit der Mutter auf Nahrungssuche sind. Die daumennagelgroßen Babys marschieren, wie an einer Perlenschnur aufgefädelt, der nur fünf Zentimeter großen Mutter nach. Das erste Junge beißt sich am Schwanz der Mutter fest, und die anderen Jungen packen mit den Zähnen die Schwanzspitze des vor ihm laufenden Geschwisterchens. Wenn die Mutter genug Spinnen, Käfer oder Würmer gefressen hat, dürfen die Kleinen Milch saugen. Dann geht die gemeinsame Jagd weiter.

Welche Tiere können rückwärts so schnell laufen wie vorwärts?

Tiere, die ihr Leben in engen selbst gegrabenen Erdgängen verbringen, können in diesen Gängen bei Gefahr oft nur schwer wenden. Deshalb haben viele von ihnen die Fähigkeit entwickelt, ebenso schnell rückwärts wie vorwärts zu laufen.

Maulwürfe zum Beispiel haben einen hervorragenden Rückwärtsgang entwickelt. An ihrem kurzen Schwanz befinden sich Tasthaare, die fast ebenso empfindlich sind wie die Schnurrbarthaare an der Schnauze. Die Tasthaare vorne und hinten helfen dem Tier bei der Orientierung und warnen es vor Gefahren. Die Augen sind in der Finsternis

unter der Erde ohnehin nutzlos. Maulwürfe sind praktisch blind.
Gänge graben kann der Maulwurf allerdings nur im Vorwärtsgang.

Wie schnell gräbt ein Maulwurf seinen Gang?

Maulwürfe sind die besten Buddler unter allen Säugetieren. Der europäische Maulwurf kann pro Tag einen zwanzig Meter langen Gang graben. Das scheint nicht viel. Doch man muss bedenken, dass der Tunnel damit dreihundertmal so lang ist wie die Körperlänge des höchstens fünfzehn Zentimeter langen Tieres. (Zum Vergleich: Müsste ein Mensch dieselbe Leistung erbringen, dann hätte er pro Tag einen halben Kilometer langen Tunnel zu buddeln!) Maulwürfe haben speziell ausgebildete Pfoten und Unterarme, die perfekt zu Grabwerkzeugen ausgebildet sind: Mit ihnen kann der Maulwurf sowohl in fester Erde hacken als auch lockere Erde wegschaufeln. Das überschüssige Material transportiert er an die Oberfläche hoch – das sind die Maulwurfshügel. Maulwürfe können dabei pro Stunde bis zu fünfzehn Kilogramm Erdreich hochbefördern. Das ist das 150fache ihres Körpergewichts. Ein Mensch mit Schaufel müsste pro Stunde über zehn Tonnen Erde bewegen, um die Schaufelleistung eines Maulwurfs zu erreichen. Das wäre alle zehn Sekunden eine Schubkarre voller Erde – die Leistung einer Baumaschine.

Wie hält der Maulwurf seine Vorräte frisch?

Natürlich graben Maulwürfe nicht zum Spaß. Sie fressen vor allem Würmer, die ihnen beim Graben begegnen. Genau wie andere kleine Insekten fressende Säugetiere müssen auch Maulwürfe fast ununterbrochen fressen, um nicht zu verhungern. Für Notzeiten legen sich die Tiere Vorratskammern an. Sie beißen Würmern den Kopf ab und lagern die gelähmten, aber immer noch lebendigen Tiere in der Speisekammer. Man hat Vorratshöhlen gefunden, in denen hunderte von Regenwürmern auf ihr Ende warteten.

Welches Tier kann am eigenen Gift sterben?

Schlitzrüssler müssen ganz schön vorsichtig sein, wenn sie auf die Jagd gehen. Die etwa 30 Zentimeter großen rattenartigen Räuber mit der langen, vorne geschlitzten Nase lähmen und töten ihre Beutetiere – Eidechsen, Frösche und kleine Vögel – durch einen Biss mit ihren Giftzähnen. Das Gift wird in den Speicheldrüsen produziert. Dabei müssen die Schlitzrüssler jedoch aufpassen, dass sie sich nicht selbst in die Zunge beißen. Dann können sie am eigenen Gift sterben. Sie sind nicht dagegen immun, und das Gift darf deshalb nicht in ihren Blutkreislauf gelangen. Daher sind auch

Paarungskämpfe bei den Schlitzrüsslern eine gefährliche Sache. Sie können sich mit ihren Bissen gegenseitig umbringen.

Wie trägt der Igel Äpfel nach Hause?

Igel sind Allesfresser, die sich von Insekten, Würmern, Kleinsäugern, Kriechtieren, aber auch von Früchten ernähren. Im Herbst sind sie fleißig unterwegs, um sich Fett für den langen Winterschlaf anzufressen. Was der Igel nicht sofort verspeisen kann, schleppt er in Vorratskammern, zum Beispiel in verlassene Kaninchenbauten oder in Mauerlöcher. Um auch größere Früchte wie Äpfel transportieren zu können, wälzen sich Igel manchmal in Wiesen unter Obstbäumen. Weiche Äpfel werden dabei an den Stacheln aufgespießt. Dann läuft der Igel, mit einem oder mehreren Äpfeln dekoriert, in seine Speisekammer, wo er das mitgebrachte Obst von den Stacheln streift.

Wie viele Stacheln hat ein Igel?

Unser heimischer Igel hat etwa 6 000 Stacheln. Auf der Bauchseite und auf der Schnauze wachsen nur grobe, elastische Haare, diese Körperteile sind ungeschützt, solange sich der Igel nicht zusammenrollt. Der in Südeuropa heimische Braunbrustigel ist noch viel stacheliger. Er hat 16 000 Stacheln. Längst nicht alle siebzehn Arten der Tierfamilie

Igel tragen Stacheln. Der große Rattenigel beispielsweise, der in tropischen Regionen Asiens lebt, hat ein borstiges Fell. Dafür hat der Rattenigel als Verteidigungswaffe Duftdrüsen, mit denen er widerlichen Gestank verbreiten kann. Nur Raubtiere, die am Verhungern sind, machen sich über Rattenigel her.

Warum stürzen sich die Lemminge ins Meer?

Lemminge sind Nagetiere, die etwa so groß wie Mäuse werden und im nördlichen Skandinavien zu Hause sind. Sie fressen Gras und Moos. Wenn es in milden Sommern reichlich Nahrung gibt, vermehren sie sich ungeheuer schnell. Ein einziges Weibchen kann innerhalb eines Sommers bis zu achtmal jeweils sechs Junge zur Welt bringen. Im folgenden Jahr gibt es dann für diese vielen Lemminge viel zu wenig zu fressen. Vom Hunger getrieben, machen sie sich in Massen auf die Wanderung, um neue Fressplätze zu suchen. Dabei durchschwimmen sie auch Flüsse. Wenn sie an die Meeresküste kommen, stürzen sie sich ebenfalls ins Wasser, in der Erwartung, auf der anderen Seite wieder an Land schwimmen zu können. Dabei ertrinken die Lemminge zu hunderttausenden.

Früher dachte man, die Lemminge würden Massenselbstmord begehen. In Wirklichkeit fallen sie einem tödlichen Irrtum zum Opfer. Sie halten die Meeresküste für ein Flussufer.

Warum haben Fledermäuse so kleine Augen?

Fledermäuse müssen nichts sehen, um in der Nacht Hindernissen ausweichen zu können oder ihre Beutetiere zu fangen. Sie „sehen“ mit den Ohren: Ihre großen Lauscher fangen das Echo der Töne auf, die von ihnen ununterbrochen ausgestoßen werden. Jedes Hindernis, auch das kleinste, wirft ein Echo zurück. So finden sich Fledermäuse auch in tiefster Finsternis, zum Beispiel in ihren Schlafhöhlen, gut zurecht.

Welche Tiere haben die längsten Finger?

Die Flughaut der Fledertiere (Flederhunde und Fledermäuse) ist zwischen Ferse und Fingerspitzen ausgespannt. Drei der vier Finger stützen die Haut zusätzlich ab, ähnlich wie die Streben eines Regenschirms. Der vierte Finger bildet eine kurze Klaue. Die Fledertierfinger sind daher unglaublich dünn und lang. Beim indischen Flughund beispielsweise, der eine Flügelspannweite von 1,5 Meter hat, sind die Finger etwa dreißig Zentimeter lang und damit gleich lang wie der Körper des Tieres. Kein anderes Tier hat im Verhältnis zur Körpergröße so lange und zierliche Finger.

Woher hat die Gespensterfledermaus ihren Namen?

Die Gespensterfledermaus ist eine bizarre Erscheinung. Ihre Ohren sehen wie klaffende Mäuler aus. Diese Fledermaus ist als Einzige in der Sippschaft der Fledertiere weiß. Wenn sie in der Dämmerung als kleine bleiche Gestalt dahinflattert, sieht sie tatsächlich gespenstisch aus. Gespensterfledermäuse sind gewandte Jäger, die Mäuse, Vögel, Eidechsen und sogar andere kleine Fledermäuse überfallen. Sie lassen sich aus der Luft auf ihr Opfer fallen, umhüllen das Beutetier mit ihren Flughäuten und töten es durch einen Biss in den Nacken.

Warum haben Hufeisennasen so merkwürdige Nasen?

Die meisten Fledermausarten senden ihre Ultraschallsignale, mit deren Hilfe sie sich in der Dunkelheit zurechtfinden, durch den Mund aus. Nicht so die Hufeisennasen. Diese Fledermäuse mit den grotesk geformten Nasen haben ihren „Lautsprecher" in der Nase sitzen. Die lappenartigen Auswüchse funktionieren wie ein verstellbares Megaphon. Die Tiere können dem Schall jede beliebige Richtung geben und so im Flug bestimmte Gegenden besonders gut „ausleuchten“. Die meisten Hufeisennasen ernähren sich ausschließlich von Insekten, die sie im Flug fangen. Um die Beutetiere zu finden, brauchen sie ein perfektes Ortungssystem.

Was macht den Vampir so gefährlich?

Blut saugende Vampire gibt es wirklich. Sie leben in südamerikanischen Wäldern und zapfen ihren Opfern Blut ab. Vampirfledermäuse sind etwa so groß wie Mäuse und haben eine Flügelspannweite von höchstens 20 Zentimetern. Sie ernähren sich vom Blut der Säugetiere und Menschen. Gefährlich sind Vampirfledermäuse allerdings vor allem deshalb, weil mit ihrem Speichel Krankheitserreger in den Blutkreislauf des Opfers gelangen. Damit können sie Seuchen wie die Tollwut übertragen.

Wie finden Vampire ihre Opfer?

Im Gegensatz zu den meisten anderen Fledermausarten haben Vampirfledermäuse sehr scharfe Augen und können auch im schwachen Licht von Mond und Sternen noch ausgezeichnet sehen. Beim Anflug in stockdunkler Nacht orientieren sie sich jedoch mit ihrem Ultraschall-Radar. Sie landen in der Nähe ihrer Opfer und schleichen sich zu Fuß an. Manchmal huschen sie auf der Suche nach einer unbehaarten Hautstelle sogar über den Körper. Dann beißen sie zu. Nach etwa einer halben Stunde hat der Vampir genug und fliegt lautlos wieder davon. Das schlafende Opfer verliert dabei nur wenig Blut.

Warum saugen Vampirfledermäuse kein Hundeblut?

Bei ihrer nächtlichen Aktion sind die Vampire unglaublich leise. Ihr Flügelschlag ist für ihre Opfer unhörbar. Rinder oder Menschen wachen dabei selten auf. Aber Hunde haben ein so gutes Gehör, dass sie auch die hohen Ultraschalltöne wahrnehmen, mit denen sich die Fledermaus beim Anflug orientiert. Davon werden sie rechtzeitig wach.

Warum spürt das Vampiropfer nichts?

Vampirfledermäuse haben messerscharfe Zähne, mit denen sie die Haut aufritzen. Dann rollen sie ihre winzige Zunge zu einer Röhre zusammen und spritzen Speichel in die Wunde. Der Speichel verhindert, dass das Blut sofort gerinnt. Nun kann die Vampirfledermaus etwas Blut mit ihrer Zungenröhre aufsaugen. Auch davon spürt das Opfer meistens nichts. Falls es sich im Schlaf bewegt, fliegt der Vampir sofort davon, bevor der unfreiwillige Blutspender aufwacht. Früher glaubte man, dass Vampire ein Betäubungsmittel in die Haut einspritzen, um die Saugstelle unempfindlich zu machen. Neuere Forschungen haben ergeben, dass die Fledermaus so etwas gar nicht braucht. Der Schnitt in die Haut ist zu fein. Manchmal braucht ein Vampir eine halbe Stunde oder gar eine Stunde, ehe er genug hat.

Warum schwärmen Fledermäuse erst bei Dunkelheit aus?

Fledermäuse brauchen kein Licht, sondern orientieren sich mithilfe eines Ultraschallorgans, einer Art Radar. Damit sind sie in der Nacht den meisten Vögeln überlegen, die ja auf ihre Augen angewiesen sind. Eine alte asiatische Sage erklärt die nächtlichen Flüge der Fledermäuse so: Einst waren Fledermäuse Vögel. Sie wollten jedoch so sein wie die Menschen. Leider erfüllte sich ihr Wunsch nur zur Hälfte, und sie wurden zu Wesen zwischen Menschen und Vögeln. Wegen ihrer hässlichen Gestalt schämten sie sich so sehr, dass sie sich nur nachts ins Freie wagten.

Die moderne Biologie bietet eine weniger sagenhafte Erklärung für die nächtliche Lebensweise der Fledermäuse an. Als mit den Dinosauriern auch die Flugsaurier ausstarben, entwickelten sich die Vögel, von denen es einige Arten schon zu Zeiten der Dinos gegeben hatte, zu einer unglaublichen Artenvielfalt. Innerhalb weniger Millionen Jahre hatten sie den Luftraum erobert. Die Fledermäuse kamen erst später. Am Tag und bei Licht waren sie der Konkurrenz der Vögel nicht gewachsen. Also entwickelten sich Arten, die dann auf Jagd gehen konnten, wenn der Luftraum frei war: in der Nacht. Und um sich bei Dunkelheit orientieren zu können, entwickelten sie ihr Ultraschall-Ortungssystem.

Warum rasseln Stachelschweine?

Stachelschweine sind keine Schweine, sondern Nagetiere. Es gibt verschiedene Arten. Das südafrikanische Stachelschwein lebt in Wäldern und in der Savanne. Ohne ihre langen spitzen Stacheln wären die langsamen und unbeholfenen Stachelschweine eine leichte Beute für Räuber. Fressfeinde wissen allerdings über die wirkungsvollen Abwehrwaffen der Stachelschweine Bescheid und greifen die etwa einen drei viertel Meter großen Tiere nur ungern an. Wenn einem Stachelschwein trotzdem Gefahr droht, warnt es seinen Gegner zuerst. Im Schwanz hat es Rasselbecher, und wenn das Stachelschwein mit dem Schwanz wackelt, ertönt ein rasselndes Geräusch. In den meisten

Fällen lässt sich ein Feind damit vertreiben. Das Stachelschwein vermeidet einen Kampf, bei dem es unweigerlich einige seiner wertvollen Stacheln verlieren würde.

Kann ein Stachelschwein mit Stacheln schießen?

Lässt sich ein Feind von dem warnenden Gerassel nicht vertreiben, fackelt das Stachelschwein nicht lange. Es geht sofort zum Angriff über, und zwar im Rückwärtsgang. Das Stachelschwein dreht sich blitzschnell um und läuft, mit dem Hinterteil und den Stachelspitzen voran, auf den Feind zu. Die scharfen Stacheln bohren sich in das Maul des Feindes. Sie lösen sich leicht ab und bleiben dem Angreifer im Maul stecken. Während sich der Feind noch mit den feinen Stacheln abplagt, ist das Stachelschwein längst verschwunden. Früher glaubte man, das Stachelschwein könnte seine Stacheln wie feine Lanzen abschießen. Doch das stimmt nicht. Ihre Verteidigungsmethode ist auch so schon wirksam genug.

Wie warnen Stinktiere einen Angreifer?

Wenn ein Stinktier (Skunk) angegriffen wird, versucht es, den Feind auf alle möglichen Arten zu warnen: Es hebt den buschigen Schwanz, stampft mit den Füßen und gibt zischende Laute von sich. Erst wenn das alles nichts hilft, macht das Stinktier Ernst. Es dreht sich um und spritzt. Die abscheulich stinkende Flüssigkeit raubt jedem Angreifer buchstäblich den Atem. Selbst ein Tier, das an so scheußliche Gerüche wie Aasgestank gewöhnt ist, kann einen Moment lang nicht Luft holen. Der Geruch haftet noch wochenlang an ihm. Sogar Menschen, die einen viel schlechteren Geruchssinn haben als die meisten Tiere, riechen den Stinktierduft einen halben Kilometer weit.

Wie kämpfen Stinktiere miteinander?

Normalerweise riechen Stinktiere nicht besser oder schlechter als andere Tiere auch. Sie markieren auch ihr Revier nicht, wenn sie auf der Suche nach Insekten und anderen Kleintieren den Wald durchstreifen. Markierungen nach Art von Hunden oder Katern würden ganze Gebiete verpesten. Untereinander kämpfen Skunks mit Zähnen und Klauen.

Welcher Dachs lebt wie ein Schwein?

Die Schnauze des asiatischen Schweinsdachses erinnert an den Rüssel eines Wildschweins, und so ähnlich lebt er auch. Mit der Schnauze wühlt er den Boden auf, um darin nach Wurzeln, Knollen und Kleintieren zu suchen. Von den Schweinen unterscheidet ihn unter anderem, dass der Schweinsdachs bei Gefahr mörderisch stinkt. Damit schreckt er Feinde ab. Fast alle marderartigen Raubtiere, zu denen Dachse, Marder, Wiesel und auch Stinktiere gehören, haben Duftdrüsen als Abwehrwaffe.

Welche Tiere beerdigen ihre Verstorbenen?

Obwohl Dachse als Verwandte der Stinktiere einen üblen Geruch haben, halten sie ihre weitläufigen Gangsysteme tadellos sauber. Die Schlafräume polstert der Dachs mit Heu oder Moos weich aus. An manchem Morgen schleppt er das „Bettzeug“ sogar zum Lüften ins Freie.
Ihre Toiletten graben Dachse weit entfernt von der Wohnhöhle, genau an der Grenze des Reviers. Auch wenn ein Dachs im Bau stirbt und ein anderer Dachs den Bau übernimmt, wird die Leiche zunächst in einer Sackgasse des Höhlensystems begraben.

Weshalb brauchen Dachse Spielplätze?

Dachse sind sehr verspielt. An ihren Balgereien beteiligen sich Jungtiere und Erwachsene mit gleicher Begeisterung. Bei solchen Spielen können die Dachse im Spaß ausprobieren, was danach Ernst wird: Wer welchen Rang in der Gruppe hat.
Dachse leben nämlich mit mehreren Familien in Gemeinschaftsbauten. Die spielerischen Kämpfe finden auf speziellen Spielplätzen statt, die in der Nähe des Baus liegen.

Welche Tiere schonen ihre scharfen Krallen?

Ameisenbären haben unglaublich starke und scharfe Krallen an den Vorderpfoten. Die nutzen sie allerdings nicht zum Kämpfen, sondern sie reißen Termitenbauten damit auf. Diese Krallen sind so wichtig, dass der Große Ameisenbär sie beim Laufen schont. Er tritt mit dem Handrücken auf, und die Krallen zeigen nach innen. So wetzt er sie beim Gehen nicht ab.

Eine andere Methode, um ihre scharfen Krallen zu schonen, haben die Katzen. Beim Laufen ziehen sie die Krallen in Krallentaschen ein. Bei Kämpfen mit Artgenossen und anderen Tieren fahren sie ihre spitzen Krallen aus. Bei der Jagd bohren sich die Krallen durch Fell, Gefieder oder Haut des Beutetieres und halten es fest.

Auch Greifvögel wie Adler und Falken krallen sich beim Jagen im Opfer fest. Aber ihre Krallen bleiben immer ausgefahren. Schließlich müssen Vögel auch nicht viel auf der Erde herumlaufen.

Fast alle hundeartigen Raubtiere, zum Beispiel die Wölfe, haben dagegen recht stumpfe, fest in den Pfoten sitzende Krallen. Sie wachsen ständig nach und werden beim Laufen abgewetzt. Wölfe packen nicht mit den Krallen zu, sondern mit dem scharfen Gebiss.

Wie kamen die Dingos nach Australien?

Dingos sind die einzigen hundeartigen Raubtiere, die schon vor Ankunft der Europäer in Australien gelebt haben. Wahrscheinlich sind sie als Haustiere vor tausenden von Jahren mit den Vorfahren der australischen Einwohner, den Aborigines, nach Australien gekommen. Merkwürdigerweise haben die Aborigines ihre mitgebrachten Hunde später nicht mehr als Haustiere gehalten. Die Hunde verwilderten wieder. Für die Aborigines, die ihr Land als Sammler und Jäger ohne festen Wohnsitz durchstreiften, waren die Dingos uninteressant. Sie nutzten sie auch nicht als Zugtiere, wie dies zum Beispiel die nordamerikanischen Indianer taten.

Welche Tiere jagen am besten zusammen?

Afrikanische Wildhunde sind die besten Rudeljäger der Tierwelt. Sie sind recht schmächtig und mit höchstens einem Meter Länge kleiner als Wölfe. Sie sind bei Hetzjagden nicht besonders schnell und ausdauernd, trotzdem schaffen sie es, sogar so große Tiere wie Antilopen und Zebras zu reißen. Das Geheimnis ihres Erfolgs liegt in der ausgeklügelten Zusammenarbeit. Die Wildhunde leben in Rudeln, die bis zu neunzig Tiere stark sein können. Die Aufgaben sind klar verteilt. Ein Teil der Hundemeute bleibt bei den Jungen zurück, um sie vor anderen Räubern zu schützen. Die Jäger machen sich an eine Herde heran und verfolgen sie. Dann versuchen sie, das offensichtlich schwächste Beutetier von der Herde zu trennen. Verschiedene Gruppen von Wildhunden hetzen sich das Opfer gegenseitig zu. Sobald die Antilope oder das Zebra erschöpft ist, fällt das ganze Hunderudel gemeinsam über das Opfer her. Nur durch dieses perfekte Zusammenspiel sind die Wildhunde in der Lage, große und für jeden einzelnen Hund gefährliche Großtiere zu überwältigen.

Welcher Wildhund darf als erster fressen?

Anders als zum Beispiel bei Löwen dürfen sich bei den Wildhunden die jüngeren und schwächeren Rudelmitglieder zuerst den Bauch voll schlagen. Erst ganz am Schluss frisst der Rudelführer, das kräftigste Tier. Die voll gefressenen Hunde würgen einen Teil der Nahrung wieder hoch und geben ihren hungrigen Artgenossen etwas ab. Auf diese Weise werden auch die Babysitter gefüttert, die während der Jagd die Jungen gehütet haben.

Welcher Tiervater muss mit seinen Jungen kämpfen?

Fenneks sind kleine, kaum einen halben Meter große Füchse mit riesigen Ohren. Sie leben in nordafrikanischen Wüstengebieten. Tagsüber leben die Wüstenfüchse in

Höhlen. Nachts jagen sie kleine Säugetiere, Vögel, Insekten und Eidechsen. Solange das Muttertier die Jungen säugt, verlässt der Vater den Bau. Nach Monaten kehrt er zurück. Die Jungen sind inzwischen geschlechtsreif, und der Vater muss seinen Anspruch auf das Weibchen mit Gewalt durchsetzen. Die Söhne versuchen nämlich, den Vater aus dem Familienbau zu vertreiben.

Wie kann ein Fuchs einen Igel fressen?

Wenn ein hungriger Fuchs auf einen zusammengerollten Igel trifft, versucht er, ihn in den nächsten Tümpel zu schubsen. Durch den Schock rollt sich der Igel auf, und der Fuchs kann ihn töten und fressen.
Normalerweise sind erwachsene Igel in ihrer Verteidigungsstellung unangreifbar. Die meisten Igel kommen daher auf den Straßen um. Denn gegen Autos nützt auch ihr Stachelkleid nichts. Oder sie verhungern, weil die Insektenvernichtungsmittel der modernen Landwirtschaft den Igeln die Nahrung rauben. Igel selbst sind gegen alle möglichen Arten von Giften immun und überleben sogar Schlangenbisse.

Wann lachen Hyänen?

Der normale Ruf der Hyänen ist ein lang gezogenes, wolfsähnliches Heulen. Nur wenn sie aufgeregt oder verärgert sind, zum Beispiel nach einer erfolglosen Jagd, stoßen sie eine Art Gekicher aus. Es klingt wie das schaurige Lachen einer Horrorfigur. Hyänen fressen Aas, gehen aber auch auf Jagd. Die Mitglieder eines Hyänenrudels arbeiten dabei sehr erfolgreich zusammen.

Hyänen haben so kraftvolle Kiefer, dass sie ihren Opfern die Knochen brechen können. Ein fünfzehnköpfiges Hyänenrudel kann ein so großes Beutetier wie zum Beispiel ein Zebra in einer Viertelstunde mit Haut, Haaren und Knochen verputzen.

Welche Raubtiere versuchte der Mensch als Haustiere zu zähmen?

Im Laufe der Zeit haben Menschen immer wieder versucht, verschiedene hundeartige Raubtiere zu zähmen. Die steinzeitlichen Pfahlbau-Bewohner beispielsweise zogen junge Füchse auf, in der Hoffnung, sie zu Haus- und Jagdgenossen zu machen. Doch Füchse sind Einzelgänger und waren deshalb als Haustiere des Menschen völlig unbrauchbar. Die alten Ägypter versuchten es mit Hyänenhunden. Das sind keine echten Hyänen, sondern Afrikanische Wildhunde. Aber auch diese hundeartigen Raubtiere konnten sich den Bedürfnissen der Menschen längst nicht so gut anpassen wie die Abkömmlinge von Wölfen – unsere heutigen Hunde.

Heulen einsame Wölfe den Mond an?

In sternklaren, frostigen Nächten ist Wolfsgeheul oft kilometerweit zu hören. Meistens heulen Wölfe gemeinsam, doch manchmal heult auch ein Einzelgänger. Beim Heulen strecken Wölfe den Kopf hoch. Wenn nun auch noch der Mond am Himmel steht, sieht das tatsächlich so aus, als würde der Wolf aus Einsamkeit den Mond anheulen. Das ist natürlich Unsinn. Wölfe heulen, um sich miteinander zu verständigen und um fremde Wölfe aus ihrem Revier zu vertreiben.

Wie kam der Mensch auf den Hund?

Alle unsere Hunde – von der riesigen dänischen Dogge bis zum winzigen Zwergspitz – stammen vermutlich von Wölfen ab, vielleicht aber auch von anderen hundeartigen Raubtieren, zum Beispiel von den Schakalen. Die gemeinsame Geschichte von Mensch und Hund begann vor etwa 10 000 Jahren, als die Menschen noch als Sammler und Jäger über Land streiften. Ihre Lebensweise hatte einiges mit der der Wölfe gemeinsam. Menschen und Wölfe lebten beide in gut organisierten Gruppen mit einer klaren Aufgabenteilung. Hunde haben deshalb keine Schwierigkeiten, Herrchen oder Frauchen als eine Art Rudelführer zu akzeptieren und ihren Kommandos zu gehorchen. Die wilden Vorfahren und Verwandten der Hauskatzen, die Wildkatzen, sind dagegen Einzelgänger, die es nicht gewohnt sind, sich jemandem unterzuordnen. Deshalb führen auch Hauskatzen ein eigenes Leben und lassen sich nicht herumkommandieren.

Warum leben Hundehalter länger?

Früher spielten Hunde eine wichtige Rolle im Leben der Menschen. Sie begleiteten die Menschen zur Jagd, bewachten ihre Wohnstätten und Herden. Bei den nordamerikanischen Prärieindianern, die keine Räder und damit auch keine Karren kannten, schleppten sie als Zugtiere Schlitten über Schnee und Grasland. Auch in europäischen Städten zogen Hunde häufig die Karren von Handwerkern und Händlern durch die Straßen. Heute brauchen wir die Arbeitskraft von Hunden nicht mehr im selben Maß. Trotzdem sind Hunde für viele Menschen als treue Kameraden und Lebensgefährten wichtig. Hunde haben eine viel stärkere Bindung zu ihrem Herrn als alle anderen Haustiere, und sie können ihre Zuneigung viel deutlicher ausdrücken. Die unbändige Freude, die ein Hund zeigt, wenn Frauchen oder Herrchen nach Hause kommt, tut den Menschen gut. Untersuchungen zeigen, dass Menschen, die einen Hund haben, oft länger leben. Sie leiden weniger häufig an Herzkrankheiten. Das liegt nicht nur daran, dass Hundehalter längere Spaziergänge machen und öfter an die frische Luft kommen.

Warum wedeln Hunde?

Bei vielen Tieren funktionieren die Schwänze auch als Duftspender. Hunde erkennen einander an Düften, die aus Drüsen am Hinterteil stammen. Wenn der Hund einen Freund begrüßt, will er, dass der Freund das auch riecht. Er wedelt mit dem Schwanz und verteilt damit seinen Freundschaftsgeruch in der Umgebung. Menschen haben keine Nasen, die fein genug sind, um diese Düfte wahrzunehmen. Doch wir erkennen das Schwanzwedeln als freundliche Geste. Auch andere Säugetiere wedeln mit dem Schwanz, um Duftsignale abzugeben. Nilpferde zum Beispiel lassen bei der Abgabe von Kot ihren Schwanz wie einen Propeller kreisen und verteilen damit nicht nur den Duft, sondern auch feste Teilchen in der Umgebung. Auf ganz ähnliche Weise machen auch paarungswillige Kamele auf sich aufmerksam.

Warum macht die Katze einen Buckel?

Wenn eine Katze Kampfbereitschaft signalisiert, weicht sie mit den Vorderbeinen zurück. Ihre Hinterbeine aber bleiben am Platz. Sie schiebt sich zusammen, so entsteht der Katzenbuckel. Gleichzeitig reißt die Katze drohend das Maul auf und zeigt damit, dass sie zum Zubeißen bereit ist. Dieses Drohverhalten ist wahrscheinlich daraus entstanden, dass

Katzen in diesen Momenten von zwei einander widersprechenden Trieben hin und her gerissen werden. Sie wissen nicht recht, was sie tun sollen: Einerseits wollen sie angreifen – daher der übertriebene Ansatz zum Sprung und das offene, zum Zubeißen bereite Maul. Andererseits haben sie Angst. Mit den Vorderbeinen bremsen sie ab. Die Katzen wirken mächtiger, als sie in Wirklichkeit sind. Dazu sträuben sich dann noch die Nackenhaare. Zum echten Kampf zwischen zwei Katern kommt es meistens nur dann, wenn sich die beiden Streiter etwa gleich stark fühlen.

Wie lange dauert bei Löwen die Herrschaft des „Königs"?

Die Anführer eines Löwenrudels, das stärkste Männchen, ist auch der Vater aller Löwenjungen im Rudel. Rangniedrigere Männchen im Rudel dürfen die Weibchen nicht begatten. Der Rudelchef muss sich mächtig anstrengen und häufig gegen Rivalen kämpfen, um seine Position zu halten. Nach zwei oder drei Jahren ist seine Herrschaft vorbei. Ein jüngeres, kräftigeres Männchen übernimmt die Macht im Rudel. Der ehemalige Chef wird vertrieben und stirbt bald darauf. Als Einzelgänger außerhalb des Rudels hat er kaum Chancen auf Jagderfolge.

Weshalb töten Löwen manchmal Löwenbabys?

Die erste Amtshandlung des neuen Chefs eines Löwenrudels besteht darin, die Löwenbabys im Rudel totzubeißen. Die Kleinen sind nämlich die Kinder des bisherigen „Königs", und der neue Anführer will eigene Kinder haben. Die Löwenmütter werden allerdings erst schwanger, wenn sie keine Jungen mehr säugen. Darauf will der neue Herrscher nicht warten. Also sorgt er auf seine Weise dafür, dass es keine Säuglinge mehr gibt. Nun können die Löwinnen neue Jungen bekommen, und diesmal ist der neue Herrscher auch der Vater.

Wer ist der hartnäckigste Jäger?

Was der Hyrare an Schnelligkeit und Kraft fehlt, macht dieser südamerikanische Marder durch Ausdauer wett. Die sechzig Zentimeter langen Hyraren jagen auch große Tiere wie Hirsche. Allerdings können sie einen gesunden Hirsch nicht töten. Aber dieser Marder setzt seinem Opfer hartnäckig nach. Einmal wurde beobachtet, wie eine Hyrare einen Hirsch sechsundzwanzig Stunden lang verfolgte, bis das vollkommen erschöpfte Beutetier zusammenbrach und vom Verfolger getötet wurde.

Wo gibt es überall Leoparden?

Leoparden sind anpassungsfähiger als alle anderen Raubkatzen. Sie kommen außer in Europa und Australien in allen Erdteilen vor und leben sowohl in Wüsten als auch im Dschungel, im Hochgebirge und im Flachland. Sogar an die Nähe der Menschen können sich Leoparden anpassen. Wo sie stark gejagt werden, werden sie zu reinen Nachttieren. Sie verschlafen den Tag und gehen nachts auf Jagd. Die meisten Leoparden sind rostbraun und haben diese typischen Flecken, doch gibt es auch den berühmten schwarzen Panther.

Welche Raubkatze angelt Fische?

Jaguare kennen einen sehr wirksamen Trick, um an frischen Fisch zu kommen. Sie verbergen sich im Uferdickicht und lassen ihren Schwanz in einen Bach oder Teich hängen. Sobald ein Fisch nach der Schwanzspitze schnappt, zuckt der Jaguar mit dem Schwanz hoch. Der Fisch kann nicht schnell genug loslassen und wird an Land geschleudert.

Was macht das Mauswiesel mit getöteten Hasen?

Die kleinsten Räuber unter den Säugetieren sind die Mauswiesel. Die zwanzig Zentimeter langen, flinken Tiere sind

klein genug, um auch Mäusen und Wühlmäusen in ihre Löcher zu folgen und sie dort zu fangen.
Wenn sich Gelegenheit bietet, bringt das Mauswiesel auch Hasen und junge Rehe um. Diese großen Beutetiere frisst das Mauswiesel jedoch nicht, sondern säuft nur ihr Blut.

Welche Antilopen gehen auf Vogeljagd?

Die in den heißen Gebieten von Afrika und Südasien lebenden Antilopen sind mit unseren Rindern und Ziegen verwandt. Als Wiederkäuer sind Antilopen reine Pflanzenfresser – bis auf eine merkwürdige Ausnahme. Kleine Antilopen von der Art der Ducker machen auch Jagd auf Vögel und andere kleine Tiere. Sie erlegen ihre Opfer durch gezielte Huftritte und fressen sie auf.

Welches Tier markiert sein Revier mit einem Handstand?

Mit dem Mungo ist der etwas größere Sumpfichneumon verwandt, der sich jedoch nicht als Haustier halten lässt. Diese Schleichkatze jagt nämlich hauptsächlich im Wasser nach Fischen, Fröschen und Schlangen. Sie fängt auch Krabben, die sie gegen Felsen oder Bäume schlägt und dabei den Panzer zertrümmert. Außerdem markieren diese

Tiere ihr Revier mit einem intensiven Duftstoff, der in Drüsen am Hinterteil erzeugt wird. Den Duftstoff bringt der Sumpfichneumon an der Unterseite von Blättern an, sodass er vom Regen nicht so leicht abgewaschen werden kann. Das erfordert allerdings einiges artistisches Können. Er muss sein Hinterteil hochstemmen und dazu jedes Mal einen Handstand unter dem zu markierenden Blatt machen.

Welche Bären haben keine Zähne?

Kleine Insektenfresser, zum Beispiel Spitzmäuse, haben spitze Zähne, mit denen sie ihre Opfer zerbeißen. Große Insektenfresser wie die Ameisenbären brauchen kein Gebiss. Ihre Beutetiere sind vergleichsweise winzig. Ameisenbären haben eine lange, bewegliche, klebrige Zunge, die sie in die Spalten und Löcher der Bauten von Ameisen und Termiten stecken. Die Insekten bleiben daran kleben, werden eingeholt und im Mund zerquetscht. Der zirka einen Meter lange Große Ameisenbär kann seine Wurmzunge bis zu sechzig Zentimeter weit aus der endlos langen, dünnen Schnauze herausstrecken. Mit einem einzigen „Schlecker" kann er an die fünfhundert Ameisen auf einmal ins Maul befördern.

Wie jagen Eisbären nach Robben?

Eisbären sind gewandte und flinke Schwimmer. Doch Robben sind einfach zu schnell für sie. Eisbären können Robben nur fangen, wenn es ihnen gelingt, sie zu überrumpeln – zum Beispiel, wenn Robben auf einer Eisscholle sitzen. Sobald der Eisbär sie erspäht hat, schwimmt er unter die Eisscholle und taucht dann auf. Mit seinem mächtigen Schädel knallt er gegen die Unterseite der Eisscholle. Manchmal gelingt es ihm, die Scholle so durchzurütteln, dass die Robbe ins Wasser rutscht. In diesem Moment tötet der Eisbär sie dann mit einem einzigen Prankenhieb.

Was frisst der Panda am liebsten?

Der in chinesischen Bambuswäldern lebende Große Panda ist so selten, dass über seine Lebensweise in freier Wildbahn nur wenig bekannt ist. Sicher ist, dass sich dieser Bär fast ausschließlich von Bambus ernährt. Der Panda muss gewaltige Mengen davon vertilgen. Seine Pfoten haben einen sechsten Finger, nämlich einen Knochendorn, der aus der Handwurzel wächst. Mit seiner ungewöhnlichen Hand kann der Panda beim Fressen den Bambusstängel wie mit einer Greifzange festhalten. Trotzdem ist Bambus nicht die

Leibspeise des Pandas. Vor die Wahl gestellt zwischen frischem Bambus und einer Schüssel Haferbrei, entscheidet sich ein Panda stets für den Haferbrei – natürlich nur im Zoo. In freier Wildbahn hat er diese Wahl ja nicht.

Welche Bären leben in unseren Wäldern?

Die Heimat der Waschbären ist Nordamerika. Aber diese Kleinbären wurden auch in Mitteleuropa ausgesetzt, wo sie sich in den Wäldern wohl fühlen und tüchtig vermehren. Waschbären haben geschickte Finger, mit denen sie ihre Nahrung (Beeren, Früchte, Eier und Kleintiere) pflücken oder fangen. Sie haben sich besser als jede andere Bärenart an die Zivilisation angepasst. In Amerika leben sie sogar in Städten auf verwilderten Grundstücken. Nachts kann man beobachten, wie sie Mülltonnen nach Fressbarem durchwühlen. Auf den Parkplätzen von Autobahnen ist der Verschluss von Mülltonnen mit einem komplizierten Hebelsystem gesichert, das nur Menschen, nicht aber Waschbären, öffnen können.

Warum kann man Waschbären nicht im Haus halten?

Waschbären sind aufgeweckte, possierliche Tiere, die sich leicht an Menschen gewöhnen. Man könnte sie gut als Haustiere halten, wenn sie nicht so neugierig und geschickt

wären. Waschbären haben nämlich die Angewohnheit, an allen erreichbaren Knöpfen und Griffen zu drehen. Die Bären würden in Abwesenheit der Menschen sämtliche Wasserhähne aufdrehen.
Waschbären mögen Wasser. Wo immer es möglich ist, tauchen sie ihr Futter vor dem Fressen in Wasser. Daher kommt auch ihr Name.

Wie gehen Bären auf Fischfang?

Die meisten Bären sind Allesfresser. Sie fressen Beeren und Pilze, jagen Mäuse und größere Tiere, sie plündern Bienenstöcke und fangen sogar Fische. Dazu stehen sie im fließenden Wasser und schleudern Fische mit gezielten Prankenhieben aus dem Wasser. Das Erstaunliche daran ist, dass die Bären die Lichtbrechung an der Wasseroberfläche mit einberechnen. Fische im Wasser schwimmen ja nicht dort, wo sie zu schwimmen scheinen. (Wenn man einen Stock ins Wasser hält, scheint er sich zu krümmen.) Bären lassen sich von dieser optischen Täuschung nicht beeindrucken. Sie schlagen nur selten ins leere Wasser.

Warum sind Faultiere so faul?

Blätter sind nicht sehr kalorienreich. Um seinen Bedarf an Energie zu decken, muss ein Faultier tüchtig futtern. Verschiedene Tierarten lösen dieses Problem auf unterschiedliche Weise. Entweder sie fressen große Mengen und sind fast den ganzen Tag sehr flink unterwegs, um die nötige Futtermenge zu fressen – das ist anstrengend und kräfteraubend. Wer in den Bäumen herumturnt, verbraucht viel Energie und muss umso mehr Futter fressen. Eine ganz andere Methode haben die Faultiere entwickelt. Ihr Geheimnis lautet: möglichst wenig Bewegung. Faultiere sind Energiesparer. Dank ihrer unglaublich langsamen Fortbewegungsart verbrauchen sie ganz wenig Energie. Das, was ihnen ins Maul wächst, während sie sich im Zeitlupentempo durch das Geäst hangeln, reicht ihnen völlig aus zum Überleben.

Weshalb vertragen Faultiere giftiges Grünzeug?

Faultiere können sogar Blätter verwerten, die für andere Tiere giftig sind. Denn erstens würde es zu lange dauern, sich an giftigen Pflanzen vorbeizuhangeln, zweitens sind es gerade die normalerweise ungenießbaren oder giftigen Blätter und Früchte, die von den flinkeren Baumbewohnern verschmäht werden und deshalb als Faultierfutter stehen bleiben.

Wie lange braucht das Faultier, um zehn Meter weit zu klettern?

Faultiere brauchen selbst für kurze Strecken unendlich lang: Für eine Kletterstrecke von zehn Metern brauchen sie mindestens drei Minuten. Und sie verdauen auch erstaunlich gemächlich. Es dauert fast vier Wochen, bis ihr Grünfutter Magen und Darm durchwandert hat und als Kot ausgeschieden wird. Dabei nutzt das Verdauungssystem der Faultiere die in der Pflanzennahrung enthaltenen Nährstoffe fast vollkommen aus.

Das Dreifinger-Faultier klettert nur einmal pro Woche von den Bäumen. Dann scharrt es mit seinem Schwanz ein Loch in den Boden und setzt einen riesigen Kothaufen hinein. Anschließend klettert es wieder auf den Baum hinauf. Auf dem Boden können sich Faultiere nur mühsam fortbewegen.

Welche Säugetiere haben Hornschilder statt Fell?

Die meisten Säugetiere haben einen Pelz. Nur wenige Arten sind haarlos (wie Wale oder Delfine). Bei manchen Säugetieren haben sich die Haare im Laufe der Entwicklung teilweise in Stacheln verwandelt, zum Beispiel bei Igeln oder Stachelschweinen. Die merkwürdigste Körperbedeckung von allen Säugetieren haben allerdings die Gürteltiere. Wo anderen Säugern Haare wachsen, bekommen die Gürteltiere Knochenplatten. Mit diesen hornartigen Schilden schützen sie sich vor Feinden. Einige der zwanzig Gürteltierarten können sich bei Gefahr zu einer Kugel zusammenrollen, die auch von großen Raubkatzen nicht geknackt werden kann. Der bewegliche Panzer ist der einzige Schutz dieser merkwürdigen, schwerfälligen Tiere, die fast nur in den tropischen Gebieten Amerikas vorkommen. Als Insektenfresser haben sie nur schwache Zähne.

Wie kamen die Gürteltiere in die USA?

Bis vor 70 Jahren lebten Gürteltiere ausschließlich in Südamerika und Mexiko. In die USA wanderten sie aus unbekannten Gründen nie ein. Was recht merkwürdig ist, da sie in den Südstaaten der USA gut leben können. Das haben Neunbinden-Gürteltiere bewiesen. Sie entkamen im Jahr 1924 aus einer Tierschau, als ein Sturm die Zirkuswagen umwarf, und vermehrten sich prächtig. Heute sind Gürteltiere im Süden der USA weit verbreitet.

Welchen Vorteil haben Wiederkäuer?

Wiederkäuer sind die am weitesten verbreiteten Huftiere. Zu ihnen gehören beispielsweise Rinder, Schafe, Ziegen, Hirsche, Giraffen und Antilopen. Der Magen eines Wiederkäuers ist weitaus komplizierter als der Magen anderer Pflanzenfresser und hat vier Kammern. Die Tiere befördern beim Schlucken Gras oder Blätter zuerst in den Pansen. Harte Stängel und Steine landen im Netzmagen. Später kommt die vorverdaute Nahrung wieder hoch und wird richtig durchgekaut. Der Brei landet sodann im Blättermagen und schließlich im Labmagen. Wenn sie bei einer Mahlzeit gestört werden, können Wiederkäuer die Pflanzen hinunterschlucken und die vorverdaute Nahrung später in aller Ruhe wieder hochwürgen und nun endlich gründlich durchkauen.

Warum hört man Kühe nicht rülpsen?

Wiederkäuer, zum Beispiel Kühe, müssen ständig rülpsen. Alle zwei Minuten steigt ein mächtiger Schwall von Gasen aus dem Magen hoch. Anders als Menschen sind Kühe jedoch geübte Rülpser. Sie können die Speiseröhre so öffnen, dass die Luft unhörbar entweicht. Würden Kühe so ungeschickt rülpsen wie Menschen, könnte man eine Rinderherde immer schon von weitem hören.

Welche Antilope hat die besten Nerven?

Die meisten Gras fressenden Huftiere sind sehr schreckhaft. Sobald sich Feinde nähern, stieben sie in wilder Flucht davon. Doch es gibt auch Ausnahmen. Der afrikanische Riedbock zum Beispiel behält die Nerven, auch wenn sich eine Raubkatze nähert. Er schmiegt sich auf den Boden,

verbirgt sich im hohen Gras und wartet erst mal ab, ob es der Räuber auch wirklich auf ihn abgesehen hat. Oft bleibt die anderthalb Meter lange Antilope tatsächlich unbemerkt, und der Feind läuft an ihr vorbei. Kommt ihm der Räuber allerdings zu nahe, springt der Riedbock mit einem plötzlichen Satz auf, stößt ein gellendes Pfeifen aus und stürmt mit hohen Bocksprüngen davon.
Riedböcke leben im Gegensatz zu den meisten anderen Antilopenarten meistens paarweise oder in Kleingruppen.

Wie tapfer ist ein Esel?

Anders als die schreckhaften Pferde, die schon von einem wirbelnden Blatt in Panik versetzt werden und vor jeder echten oder eingebildeten Gefahr Hals über Kopf davonstieben, behalten Esel ruhig Blut. Raubtieren stellen sie sich mutig zum Kampf und vertreiben sie meistens mit gezielten Hufschlägen. Wildesel sind die Urform des Hausesels. Sie leben in den Steppen von Nordafrika und Asien.

Warum vermehren sich Elefanten so langsam?

Ein Elefantenweibchen ist zweiundzwanzig Monate lang schwanger, ehe sie endlich ihr Junges zur Welt bringt. Bei keinem anderen Tier dauert die Tragezeit so lange. Und erst im Alter von sechzehn Jahren wird ein Elefant geschlechtsreif. Elefanten haben keine Eile bei der Vermehrung. Sie zählen zu den wenigen Tieren, die keine natürlichen Feinde haben, und ein Elefantenbaby hat gute Chancen, das Erwachsenenalter zu erreichen und selbst Junge zu bekommen. Ihre natürliche Umwelt verträgt keine zu große Zahl von Elefanten. Die Tiere haben nämlich einen ungeheuren Bedarf an Grünfutter. Das Gesamtgewicht eines drei Meter großen Elefanten beträgt bis zu sechs Tonnen. Afrikanische Elefanten vertilgen bis zu zweihundert Kilogramm täglich. Die meiste Zeit ihres Lebens verbringen sie damit, Grünzeug abzurupfen und zu fressen. Dabei sind sie ausgesprochen schlechte Futterverwerter. Die Hälfte der Nahrung wird unverdaut wieder ausgeschieden.

Wozu brauchen Elefanten ihren Rüssel?

Der Elefantenrüssel ist ein Vielzweckwerkzeug. Mit ihm reißen sie Blätter von den Bäumen oder Grasbüschel aus dem Boden, damit ergreifen und betasten sie Gegenstände. Und sie trinken auch damit. Dabei tauchen sie den Rüssel ins Wasser und saugen es wie in einem riesigen Strohhalm hoch. Dann spritzen sie sich das Wasser in den Mund. Wenn ein Elefant seinen Rüssel schwenkt, dann schnuppert er. Sein Riechorgan sitzt im Rüssel, der eigentlich eine verlängerte Nase ist. Beim Herumschwenken nimmt er Duftstoffe aus der Luft auf. Elefanten haben einen ausgezeichneten Geruchssinn. Dafür sehen sie ziemlich schlecht.

Warum kämpfen Elefanten nicht mit dem Rüssel?

Ein Elefantenrüssel kann drei Meter lang werden und wiegt dann zweihundert Kilogramm. Die Rüsselmuskeln sind ungeheuer stark. Mit seinem Rüssel kann der Elefant nicht nur Menschen, sondern auch kleinere Baumstämme hochheben. Der Elefantenrüssel wäre eine gefährliche Waffe, ein Hieb damit könnte jeden Angreifer hinwegfegen. Doch im Kampf schonen Elefanten ihren Rüssel und bedienen sich lieber ihrer mächtigen Stoßzähne. Denn eine ernsthafte Verletzung am Rüssel würde für das Tier den Tod bedeuten. Es könnte weder trinken noch fressen. Der Rüssel ist für einen Elefanten einfach zu wichtig.

Woran sterben alte Elefanten?

Sofern sie nicht von Wilderern getötet werden, können Elefanten bis zu siebzig Jahre alt werden und sterben dann an Krankheiten oder an Altersschwäche. Eine häufige Todesursache bei alten Elefanten sind vereiterte Kiefer oder Unterernährung. Elefanten haben gewaltige Backenzähne, mit denen sie ihr Futter zermalmen. Dabei reiben sich auch ihre Zähne ab. Nach drei oder vier Jahren wachsen neue Backenzähne nach. Alten Elefanten wachsen oft keine neuen Zähne mehr, sie müssen auf ihren abgeriebenen Zahnstummeln kauen. Dabei leiden sie entsetzliche Schmerzen. Die Stümpfe vereitern, und auch die Kiefer entzünden sich. Die alten Elefanten können vor Schmerzen nicht mehr kauen und verhungern. Vielleicht sind die unerträglichen Zahnschmerzen auch die Ursache dafür, dass manche alten Elefanten unberechenbar und bösartig werden.

Warum schnurren Elefanten?

Solange ein Elefant seine Artgenossen hört, schnurrt er mit. Das hört schlagartig auf, sobald sich ein Mitglied der Herde beunruhigt fühlt. Urplötzlich sind auch alle anderen still. Normalerweise warnen Tiere einander, indem sie Alarmlaute ausstoßen. Bei Elefanten ist das umgekehrt: Wer zu schnurren aufhört, schlägt Alarm. Stille bedeutet bei den Elefanten Gefahr.

Können Kamele schwitzen?

Kamele überleben nicht nur im heißesten Wüstenklima, sondern können unter lebensfeindlichen Bedingungen sogar tagelang voll bepackt marschieren, ohne Wasser zu trinken. Energie und Körperflüssigkeit haben sie in Form von Fett im Höcker gespeichert. Im Lauf der Wanderung wird das Fett verbrannt, und der Höcker schrumpft zusammen. Kamele scheiden sehr wenig Urin aus. Auch beim Schwitzen sind Kamele sparsam. Erst wenn ihre Körpertemperatur sechsundvierzig Grad übersteigt, geben sie über die Haut und durch das Fell Feuchtigkeit ab. Bei einem so hohen Fieber wären Menschen und andere warmblütige Säugetiere schon längst gestorben.

Warum haben Kamele einen Höcker?

Kamele speichern ihr Fett im Höcker, und dieses Fett hilft ihnen über Hunger- und Durststrecken. Warum bildet das Fett ausgerechnet einen Höcker auf dem Rücken? Warum verteilt es sich nicht über den ganzen Körper wie bei anderen Tieren auch? Fett ist ein wunderbarer Isolierstoff. Den in kalten Meeren lebenden Walen hilft ihre Speckschicht, den Körper bei den eisigen Temperaturen warm zu halten. Ein Kamel, das in eine derartige Fettschicht eingehüllt wäre, würde in der sengenden Sonne an Überhitzung sterben. Es hätte keine Möglichkeit, Wärme durch die Speckschicht nach außen abzugeben. Viel besser für Kamele ist es also, alles Körperfett in einen oder zwei Höcker auf den Rücken zu packen. So sind die isolierenden Fetthöcker sinnvoll: Oben schützen sie den Körper vor der brennenden Sonne, während die fettlosen Flanken und der Bauch Körperwärme abgeben können.

Wie viel Wasser trinkt ein Kamel?

Schwer beladene Kamele können bis zu fünf Tage lang durch die Hitze laufen, ohne zu trinken. Danach allerdings holen sie tüchtig auf. Am Ende der Reise trinkt ein Kamel bis zu hundert Liter Wasser auf einmal, und kurze Zeit später noch einmal fünfzig Liter. Man kann zusehen, wie das Kamel dabei richtiggehend aufschwillt. Allerdings wird das meiste Wasser nicht im Magen aufbewahrt, sondern wird in den Körperzellen verteilt. Fast alle Kamele, die es heute auf der Erde gibt, sind Haustiere. Sie stammen von Wildkamelen ab, von denen heute nur noch wenige Herden in der Mongolei und in Nordchina leben. Dabei handelt es sich um die zweihöckrigen Trampeltiere. Die afrikanischen Kamele, die Dromedare, haben dagegen nur einen Höcker.

Warum ist die Nacht für Zebras so gefährlich?

Zebras sind außerordentlich robuste Tiere. Sie fressen selbst verdorrtes Gras und überleben sogar Dürreperioden, in denen andere Pflanzenfresser wie Giraffen und Antilopen verdursten. Die Hauptfeinde der Zebras sind die Löwen, und zwar hauptsächlich in der Nacht. Gesunde Zebras sind schnell genug, um Löwen davonzulaufen. Und tagsüber verwirren die Zebrastreifen die Angreifer. In der flirrenden Hitze verschwimmt ihre Zeichnung mit dem Hintergrund. Doch in der Nacht wird es für sie gefährlich.

Da sehen sie die Löwen nicht. Auch die Löwen sehen die Zebras nicht, doch sie hören sie. Zebras haben nämlich die Angewohnheit, beim Wiederkäuen laut zu schmatzen. Die Raubtiere orientieren sich an den Schmatzgeräuschen, schleichen sich an und schlagen zu.

Gibt es Elefanten, die Höhlen graben?

Elefanten, die im Umkreis des Berges Mount Elgon in Kenia leben, suchen nachts tiefe Höhlen auf, um Salz zu fressen. In völliger Finsternis schnüffeln sie mit ihren Rüsseln am Gestein, um herauszufinden, wo das Salz ist. Dann brechen sie mit ihren Stoßzähnen Brocken aus dem Salzstein und stecken sich die Klumpen mit dem Rüssel ins Maul, um an den salzigen Steinen zu lutschen.
Vermutlich sind die Salzsteinhöhlen von den Elefanten im Lauf von vielen tausend Jahren mit den Stoßzähnen gegraben worden.

Warum haben Frischlinge Streifen?

Frischlinge, die Jungen von Wildschweinen, sind während ihrer Kindheit längs gestreift. Damit sind sie im Unterholz gut getarnt. Später verlieren sie diese Tarnzeichnung. Erwachsene Wildschweine sind groß und stark genug, um sich nicht mehr verstecken zu müssen. Auch die im tropischen Urwald lebenden Tapire sind als Junge längs gestreift und verlieren diese Tarnung später wieder. Tapire führen in abgeschiedenen dichten Dschungelgebieten ein so heimliches Leben, dass sie von Weißen erst im Jahr 1818 entdeckt wurden.

Warum verletzen sich Tapire so oft?

Die im dichten Unterholz lebenden Tapire sind äußerst schreckhaft. Normalerweise laufen sie auf ausgetretenen Pfaden durch das Dickicht. Doch wenn sie erschrecken, schlagen sich die 300 Kilogramm schweren Tiere sofort mit Höchstgeschwindigkeit in die Büsche. Dabei tragen sie oft Verletzungen davon. Dornen und spitze Äste reißen blutige Wunden. Andere Säugetiere würden daran sterben. Nicht so der Tapir. Seine Oberhaut ist ungewöhnlich dick und kann sich innerhalb von zwei Tagen neu bilden. Selbst über klaffenden Wunden wächst die Haut schnell zusammen, und die Wunde kann sich schließen. Nach vier Tagen ist von der Wunde nur noch eine Narbe zu sehen.

Wie kämpfen die Dickhornschafe?

Die Männchen der nordamerikanischen Dickhornschafe tragen mächtige, bis zu anderthalb Meter lange, nach hinten gebogene gewundene Hörner. Bei Paarungskämpfen rennen die Widder mit hohem Tempo aufeinander los und prallen mit Hörnern und Kopf krachend zusammen. Sie haben eine besonders dicke Schädeldecke, die die mächtigen Rammstöße dämpft. Bei Kämpfen zwischen Männchen mit ungleich langen Hörnern gibt der Kleinere bald auf. Doch wenn zwei gleich starke Widder aufeinander treffen, kann der Kampf stundenlang dauern. Nicht selten bleibt dann einer der Dickschädel mit Schädelbruch tot auf der Strecke. Die Hörner sind zugleich Rangabzeichen. Chef ist der Widder mit den größten Hörnern. Kurzhörnige Männchen dürfen in der Herde bleiben. Sie werden vom Leitwidder wie die Weibchen behandelt, die ebenfalls nur kurze Hörner haben.

Wozu brauchen Hirsche Geweihe?

Bei männlichen Hirschen kann das Geweih im Laufe der Jahre zu einem riesigen, oft auch sehr unpraktischen Gebilde heranwachsen. Das Geweih ist zu nichts anderem nütze als dazu, bei Paarungskämpfen den Sieger zu ermitteln. Die Hirsche gehen aufeinander los, achten dabei aber sehr genau darauf, den Gegner nicht zu verletzen. (Für einen hinterlistigen Hirsch wäre es ein Leichtes, dem Rivalen die Geweihspitzen in den Leib zu bohren. Doch das steht klar im Widerspruch zu den Instinkten, die sein Verhalten bestimmen.) Der Hirsch, der seine Rivalen niederringen und vertreiben kann, ist unumschränkter Herr über ein ganzes Rudel von Weibchen. Der Verlierer muss abziehen und darf sich nicht mehr blicken lassen.

Welche Hirsche sind die besten Kämpfer?

Merkwürdigerweise sind es nicht immer die Hirsche mit den mächtigsten Geweihen, die sich bei Paarungskämpfen durchsetzen. Oft tragen die stärksten Kämpfer relativ kleine Geweihe. Das hat damit zu tun, dass sich das Hirschgeweih jedes Jahr neu bildet. Im Gegensatz zu anderen Hornträgern, zum Beispiel Antilopen oder Schafen, werfen Hirsche ihr Geweih jedes Jahr ab und bilden es etwas größer neu. Das kostet viel Substanz. Der Hirsch muss eine große Menge von Nähr- und Mineralstoffen für den Geweihaufbau verwenden, und diese Stoffe bezieht er aus seiner Nahrung. In Gegenden, wo das Futter arm an Aufbaustoffen ist, fressen Hirsche oft ihre alten Geweihe auf. Hirsche mit einem kleineren Geweih können diese Stoffe zum Aufbau von stärkeren Knochen und mehr Muskelmasse verwenden und sind daher oft kräftiger als ihre Kollegen mit den Riesengeweihen. Deshalb können sie auch mit schmächtigeren Geweihen oft Paarungskämpfe gewinnen. Ganz anders liegt der Fall beispielsweise bei den Dickhornschafen, die ihr Gehörn nur einmal im Leben aufbauen. Dort ist der Chef in der Regel jener Widder, der das mächtigste Gehörn trägt.

Wie kämpfen Hirsche, wenn es ernst wird?

Als richtige Waffen sind Geweihe kaum brauchbar. Wenn es ernst wird, zum Beispiel im Kampf gegen Wölfe, teilen Hirsche Huftritte aus. So ein Hufschlag kann einem Wolf den Schädel einschlagen.

Welche Vorteile haben die Schneeschuhe des Schneehasen?

Nordamerikanische Schneehasen verdienen ihren Namen erst im Winter. Dann verwandeln sie sich von braunen in schneeweiße Geschöpfe, die im Weiß des Schnees fast unauffindbar sind. Schneehasen ernähren sich im Winter von Zweigen und Rinden, oder sie graben Wurzeln aus dem Schnee aus. Von den Einheimischen werden diese Hasen auch Schneeschuh-Hasen genannt. Rings um die Pfoten und zwischen den Zehen wachsen ihnen nämlich lange, steife Haare. Dieser Fußpelz hält nicht nur die Füße warm, sondern sorgt auch dafür, dass die Tiere im weichen Schnee nicht einsinken. Die Fußstapfen des Schneehasen sehen aus wie die Tritte eines viel größeren Tieres. Auf gefrorenen oder eisglatten Oberflächen bieten diese Schneeschuhe guten Halt.

Woher wissen Rentiere, wo es Futter gibt?

Rentiere scharren im Winter die Schneedecke mit ihren scharfen Hufen weg und graben Moos, Flechten und anderes Grünzeug aus. Oft müssen sie zuerst Gänge durch den meterhohen Schnee stampfen. Sie brauchen viel Futter: Ein ausgewachsenes Ren frisst nicht weniger als zwölf Kilogramm pro Tag. Die Kratzarbeit ist sehr anstrengend, doch Rentiere wissen mit unfehlbarer Sicherheit, wo unter dem Schnee Futter liegt. Sie erschnuppern die Pflanzen, vor allem die Rentierflechte, durch die Schneedecke. Sehen können sie dabei meist wenig. In ihrem Lebensraum im hohen Norden scheint die Sonne im Winter nur wenige Stunden täglich. Im kurzen Sommer dagegen leben die Rentiere im Überfluss. Dann geht die Sonne nur für wenige Stunden unter, und im langen Tageslicht gedeihen viele Pflanzen. Im Sommer können Rentiere zwischen 750 Blumenarten und jeweils 300 Arten von Moosen und Flechten wählen.

Wo verstecken sich Hirschferkel?

Hirschferkel sind kleine (höchstens dreißig Zentimeter hohe und etwa sechzig Zentimeter lange) Allesfresser. Sie sehen aus wie Miniaturrehe, haben jedoch einen mausartigen Kopf und eine Zeichnung, die an Frischlinge erinnert. Verwandt sind sie sowohl mit den Kamelen als auch mit den

Schweinen. Und so wie die „echten" Schweine fressen auch die in den Sümpfen heißer afrikanischer und asiatischer Länder lebenden Hirschferkel alles, was ihnen vor die Hufe kommt: Früchte und Blätter, aber auch Mäuse, Schnecken, Würmer, Insekten und sogar Fische. Hirschferkel sind gute Schwimmer, die sich immer in Wassernähe aufhalten. Bei Gefahr stürzen sie sich ins Wasser, tauchen unter und schwimmen unter Wasser davon. So erreichen sie ihre Verstecke im dichten Unterholz oder ihre Höhlen am Ufer.

Mit welchen *Waffen* kämpfen *Wasserrehe?*

Wasserrehe sind die einzigen Hirsche, bei denen weder Weibchen noch Männchen Geweihe tragen. Stattdessen trägt das Männchen im Oberkiefer dolchartige Hauer, die wie Fangzähne aussehen und etwa fünf Zentimeter weit aus dem Maul ragen. So wie andere Hirsche bei Paarungskämpfen mit den Geweihen aufeinander losgehen, kämpfen die Wasserrehmännchen mit ihren Hauern um die Position des Rudelchefs. Dabei tragen die Kämpfer manchmal ernsthafte Wunden davon. Wasserrehe leben an Flussufern in China und Korea. Sie fressen hauptsächlich Schilf und Binsen.

Woher kommen die Hexenringe?

Hexenringe nennt man die kreisförmigen Trampelpfade auf abgelegenen Wiesen und Waldlichtungen. Diese Hexenringe entstehen im Hochsommer über Nacht. Vielleicht glaubte man früher tatsächlich, dass hier Hexen ihren Reigen getanzt haben. Die wirklichen Verursacher der Hexenringe sind jedoch Rehe. Beim Liebesspiel vor der Paarung laufen Rehbock und Rehgeiß im Kreis und trampeln dabei runde Pfade. Dieses Ritual nennt man auch das „Treiben“.

Warum nehmen Nashörner Schlammbäder?

Nashörner fressen frühmorgens. In der Hitze des Tages halten sie sich gern in Schlammlöchern oder Sümpfen auf. Das kühlt die massigen Tiere und sorgt dafür, dass sich Parasiten nicht festsetzen und Insekten ihre Eier nicht auf der Nashornhaut ablegen. Außerdem heilen Wunden und Entzündungen unter solchen Schlammpackungen besser aus.

Wann werfen Pferde den Kopf hoch?

Pferde haben sehr große und scharfe Augen. Ihre Augen sind größer als die Augen jedes anderen Säugetieres, sogar größer als die Augen eines hundert Tonnen schweren Blau-

wals. Der Durchmesser eines Pferdeauges beträgt 5,5 Zentimeter. (Zum Vergleich: Das Auge eines Menschen hat einen Durchmesser von 2,5 Zentimetern.)
Mit ihren Riesenaugen können Pferde Bewegungen gut wahrnehmen und sogar, ähnlich wie wir Menschen, Farben sehen. Um allerdings Gegenstände in verschiedenen Entfernungen scharf zu erkennen, muss das Pferd seine Blickrichtung ändern. Weit entfernte Dinge sieht ein Pferd nur dann, wenn es den Kopf senkt; und nahe Gegenstände, wenn es den Kopf hochwirft. Oft sieht es so aus, als würde das Pferd erschrecken. In Wirklichkeit guckt es sich bloß rasch um.

Wann legen sich Pferde zum Schlafen nieder?

Als typische Herdentiere fühlen sich Pferde in der Gesellschaft von Artgenossen am wohlsten. Schließlich können vier, acht oder zwanzig Augen einen Feind eher entdecken als die zwei Augen eines einzelnen Pferdes. Auch wenn unsere Hauspferde keine Leoparden oder Wölfe mehr zu fürchten haben, so haben sie ihre natürlichen Instinkte doch nicht verloren. In der Gruppe und in vertrauter Umgebung fühlen sich Pferde sicher. Sie vertrauen darauf, dass es rundherum keine Feinde gibt oder dass die übrigen Herdenmitglieder rechtzeitig Alarm schlagen.

Woran erkennt man, dass eine Ziege schläft?

Ziegen haben die Augen auch im Schlaf offen. Sie legen sich zwar hin und nicken ein, doch die Augenlider schließen sich nicht. Dafür werden die Ohren schlaff und fallen um. Das ist die einzige Möglichkeit herauszufinden, ob eine Ziege bloß ruht oder tatsächlich eingeschlafen ist.

Warum fressen Krokodile keine Flusspferde?

Flusspferde (oder Nilpferde) sind massige, oft über drei Meter lange Tiere, die einen großen Teil ihres Lebens im Wasser verbringen, in genau jenen Gewässern, in denen auch Krokodile leben. Trotzdem würde es keinem Krokodil einfallen, sich über ein Flusspferd herzumachen. Diese so plump und harmlos scheinenden Tiere sind gegen Feinde vielfach geschützt. Erstens haben sie mächtige, fast einen halben Meter lange hauerartige Eckzähne, die sie freilich nur bei Paarungskämpfen oder zur Verteidigung ihrer Jungen einsetzen. Zweitens ist ihre Haut so dick, dass sie nicht einmal von einem Krokodil durchbissen werden kann. Ein Krokodil, das sich in der Nilpferdhaut verbeißt, würde vom Nilpferd mühelos zerquetscht werden. Erwachsene Nilpferde haben praktisch keine Feinde.

Warum reißen Nilpferde ihr Maul so weit auf?

Nilpferde können ihr riesiges Maul ungeheuer weit aufklappen. Dabei werden ihre mächtigen Eckzähne sichtbar. Der Gestank, der einem aufgerissenen Nilpferdmaul entströmt, ist so übel, dass andere Tiere sofort die Flucht ergreifen. Ihre gewaltigen Hauer setzen die Bullen fast nur bei Kämpfen gegen Rivalen ein.

Warum brauchen Flüsse Flusspferde?

Flusspferde spielen eine wichtige Rolle im Ökosystem afrikanischer Flüsse. Sie halten einerseits den Pflanzenbewuchs am Ufer kurz und setzen andererseits unglaubliche Mengen von Kot im Wasser ab. Damit düngen sie die Wasserpflanzen und liefern ganzen Heerscharen von Kleintieren die Lebensgrundlage, und beim Waten pflügen die Flusspferde den Schlamm ständig um. Tatsächlich verbringen die massigen, bis zu vier Meter langen Tiere einen Großteil ihres Lebens im Wasser. Es ist ein recht faules Leben, das sie führen. Das Wasser trägt das tonnenschwere Gewicht, und meist schauen nur Augen, Nüstern und Ohren aus dem Wasser. In den Abendstunden kommen sie zum Grasen an Land.

Dank ihrer geruhsamen Lebensweise verbrauchen Nilpferde wenig Energie und müssen deshalb, im Vergleich zu

Elefanten, ziemlich wenig fressen. Deshalb reicht ihnen auch der Streifen am Flussufer als Weide.

Womit schrecken Mandrille ihre Rivalen ab?

Mandrille sind Affen, die in Urwäldern in Bodennähe leben. Sie sind äußerst farbenprächtig. Gesicht und Gesäß sind auffällig blau und rot gefärbt. Diese Farben leuchten besonders stark, wenn sich ein Mandrill aufregt, zum Beispiel bei Kämpfen um die Rangordnung in der Gruppe.
Mit seinem Farbenspiel gibt der Affe zu verstehen, dass er wütend und zum Kampf entschlossen ist. Der Gegner kann daran erkennen, wie aggressiv sein Gegenüber ist. Solche farbigen Drohsignale gibt es auch bei anderen Tierarten. Damit lassen sich viele Kämpfe vermeiden. Der Schwächere oder Ängstlichere kann sich rechtzeitig verziehen, ohne Schaden zu nehmen.

Warum grinst ein Mandrill?

Bei den meisten Tieren bedeutet Zähnefletschen: Lass mich in Ruhe! Geh weg! Ich bin wütend.
Hunde und Katzen entblößen ihr Gebiss, um den Gegner einzuschüchtern. Bei vielen Affenarten ist das anders. Der Mandrill zum Beispiel fletscht die Zähne, wenn er zeigen will, dass er keine bösen Absichten hegt und zu einem Kampf nicht aufgelegt ist. Für seine Artgenossen ist das

Entblößen der Zähne eine Art Grinsen. Mandrille sind Paviane, die in Waldgebieten leben. Auch andere Affen entblößen ihre Zähne in freundlicher Absicht.

Wo leben die faulsten Affen?

Loris sind Kleinaffen, die in den Tropenwäldern Afrikas und Asiens leben. Je nach Art werden sie zwanzig bis vierzig Zentimeter groß. Den Tag verbringen sie schlafend in den Baumkronen. Nachts gehen sie auf Futtersuche und bewegen sich dabei ganz langsam durch die Bäume. Loris können stundenlang regungslos mit nur einer Hand an Ästen baumeln. Ihre Greifmuskeln können in einer Stellung stundenlang verharren, ohne zu ermüden. Es ist fast unmöglich, einen Lori, der sich auf diese Weise festgeklammert hat, vom Ast zu lösen. Doch wenn der Lori will, kann er auch unglaublich flink sein. Auf ihrer vollkommen geräuschlosen nächtlichen Klettertour fressen die Affen Früchte, Insekten und Vogeleier. Ihre bedächtigen Bewegungen lassen sie vollkommen harmlos erscheinen. Sobald allerdings ein Vogel in Reichweite ist, kann die Hand eines Loris blitzschnell zugreifen.

Welche Affen nehmen heiße Bäder?

Japanische Makaken leben in Gebieten, in denen heiße vulkanische Quellen sprudeln. In den kalten und schneereichen

Wintern ihrer Heimat springen sie bisweilen in die warmen Teiche, um sich aufzuwärmen. Dann schauen nur die Köpfe heraus, und die Affen entlausen sie sich gegenseitig.

Welche Affen gehen nachts aufs Klo?

Schimpansen sind sehr reinliche Tiere. Sie verrichten ihre großen und kleinen Geschäfte niemals im Schlafnest. Auch wenn sie in der Nacht mal müssen, klettern sie aus ihrem Schlafnest in den Bäumen und entfernen sich vom Schlafplatz. Anschließend kehren sie ins „Bett" zurück.

Welche Affen halten einen Winterschlaf?

Die Mausmakis zählen zu den kleinsten Affen. Sie werden vom Kopf bis zur Schwanzspitze gerade mal dreißig Zentimeter lang. Ihr Körper ist mit zehn Zentimetern etwas größer als der einer Maus. Diese winzigen Affen leben in den Urwäldern von Madagaskar. Sie lieben die Hitze. Schon bei Temperaturen unter achtzehn Grad wird es ihnen zu kalt. Sie kriechen dann in ihre Nester und erstarren. Ihr Herz schlägt jetzt langsamer, und die Tiere halten nun eine Art Winterschlaf, bis es wieder richtig heiß wird.

Wie halten sich kleine Gibbons am Bauch der Mutter fest?

Gibbons sind mittelgroße Affen, die in asiatischen Urwäldern leben. Sie zählen zu den geschicktesten Klettertieren. Auf ihren Kletterwanderungen durch die Baumkronen kommen auch neugeborene Gibbons mit, die sich sofort nach der Geburt am Bauchfell der Mutter festklammern. Damit das Kleine auch bei Sprüngen nicht runterfallen kann, dreht die Mutter aus ihren langen Bauchhaaren dünne Wollfäden, die sie zwischen die winzigen Finger des Kleinen flicht. So ist das Junge auch bei den weiten Sprüngen von Ast zu Ast gut gesichert.

Welcher Affe stinkt, wenn er Hunger hat?

Die kleinen, kaum katzengroßen afrikanischen Pottos sind Insekten fressende Affen. Am Gesäß sitzen Duftdrüsen, die einen für Insekten unwiderstehlichen Geruch ausströmen. Dieser merkwürdige Duft zieht vor allem fliegende Insekten in einem Umkreis von einem halben Kilometer an. Die Insekten nähern sich dem Affen und werden prompt gefressen. Die Pottos können ihre Duftfalle nach Belieben ein- und ausschalten. Sie stinken also nur, wenn sie Hunger haben.

Wo verstaut der Bärenmakak sein Futter?

Bärenmakaken sind etwa einen halben Meter groß. In ihrer Heimat, dem tropischen Südostasien, plündern sie oft Gärten und Äcker. Sie fressen Wurzeln, Früchte und graben sogar Kartoffeln aus der Erde. Was sie nicht sofort fressen können, stopfen diese Affen in ihre Backentaschen, um das Futter später in Ruhe verspeisen zu können.

Wozu brauchen Schimpansen Werkzeuge?

Schimpansen sind die begabtesten Werkzeugbauer im Tierreich. Bei Schlägereien reißen sie Äste von Bäumen und Büschen, um mit diesen Knüppeln aufeinander loszugehen; für die Suche nach Ameisen und Termiten machen sie sich dünne, lange Ästchen zurecht, die sie in die Bauten stecken. Die Insekten krabbeln auf das Stöckchen, und der Schimpanse zieht es heraus und leckt es ab.
Auch andere Tiere verwenden Gegenstände, die sie ihrer Umwelt entnehmen, um damit Dinge anzustellen, die sie ohne Werkzeuge nicht könnten. Manche Geier zum Beispiel ergreifen Steine und werfen sie auf Eier, um sie zu knacken.

Wie fangen Affen Schlangen?

Eigentlich sind die Drills Pflanzenfresser. Doch sobald diese pavianartigen Affen eine Schlange entdecken, werden sie zu

Jägern. Dabei gehen sie immer in Gruppen vor. Sobald sie eine Schlange entdecken, führen einige Affen in sicherer Entfernung wilde Tänze auf. Damit lenken sie die Aufmerksamkeit der Schlange auf sich. Einer der Jäger schleicht sich unterdessen von hinten an die Schlange an, packt sie und bricht ihr das Genick. Auf diese Weise können sie auch Giftschlangen erbeuten.

Welches Tier hat die lauteste Stimme?

Die in Südamerika lebenden Brüllaffen stecken ihr Revier durch lautes Gebrüll ab. Die nur etwa einen halben Meter großen Affen sind unglaublich laut. Wenn die Männchen einer Herde gemeinsam losbrüllen, ist ihr Geschrei in einem Umkreis von fünf Kilometern zu hören. Keine fremden Brüllaffen wagen sich in dieses Revier. Die Stimmen der Brüllaffen klingen deshalb so laut, weil unter der Zunge eine Art Lautsprecher eingebaut ist. Eine hohle Blase dient als Resonanzkörper und funktioniert dabei so ähnlich wie der Kasten von Saiteninstrumenten. (Ohne Resonanzkörper würde man auch Geigen oder Gitarren kaum hören können.) Die Brüllaffen haben noch ein anderes einzigartiges Merkmal. Ihr Greifschwanz hat an der Spitze eine kahle Stelle, eine Art Schwanzsohle. Damit können die Affen Gegenstände packen und festhalten.

Welche Affen verwenden Kräutermedizin?

Sifakas sind mittelgroße Affen, die ausschließlich auf Madagaskar vorkommen. Sie haben die Heilkraft bestimmter Kräuter entdeckt. Bei Verletzungen reißen sie ganz bestimmte Blätter von Sträuchern und pressen sie auf die Wunde oder auf gequetschte und verstauchte Gelenke. Übrigens behandeln auch die Menschen auf Madagaskar ihre Verletzungen mit genau den Kräutern, die auch die Sifakas verwenden. Untersuchungen haben gezeigt, dass Wunden, Quetschungen und Verstauchungen auf diese Weise fünfmal so schnell heilen wie ohne Behandlung.

Wie schnell hangeln sich Gibbons durch die Bäume?

Gibbons können sich mit einer Geschwindigkeit von bis zu sechzehn Stundenkilometern durch die Kronen der Bäume schwingen. Damit sind sie hoch im Baum so schnell wie ein langsamer Radfahrer auf der Straße und auf jeden Fall schneller als ein Mensch, der auf dem Boden durch den Urwald läuft. Grund für das unglaubliche Klettertempo der Gibbons ist ihr extremer Körperbau und ihre Hangeltechnik. Die Arme der Gibbons sind länger als ihre Beine. Mit einer Hand ergreifen die Affen einen Ast, schaukeln vorwärts und ergreifen mit der anderen Hand schon den nächsten Ast. Sie müssen also nicht zurückschaukeln und

Anlauf nehmen, um sich zum nächsten Ast zu schwingen. Alles geschieht in einer einzigen fließenden Bewegung.

Warum brauchen Gibbons keine Balancierstangen?

Auch als Seiltänzer sind Gibbons einzigartig. Wenn andere Affen auf einem dünnen, waagerechten Ast laufen, dann aus Sicherheitsgründen meistens auf allen vieren. Nicht so der Gibbon. Er läuft auf seinen Hinterbeinen. Die langen Arme streckt er seitlich von sich und balanciert damit seinen Lauf aus – so wie ein Hochseilartist mithilfe einer Balancierstange im Gleichgewicht bleibt.

Warum haben Wale ihre Nasenlöcher oben auf dem Kopf?

Wale und Delfine sind Säugetiere. Wie Hunde, Mäuse oder Bären bringen sie ihre Jungen lebend zur Welt und ernähren sie mit Muttermilch. Und wie alle Säugetiere brauchen sie Luft zum Atmen. Sie müssen also immer wieder an die Oberfläche kommen. Dabei atmen sie nicht durch das Maul, sondern durch die Nase. Im Laufe der Entwicklung ist die Nase dieser Wassersäugetiere immer weiter nach oben gewandert und sitzt nun nicht mehr im Gesicht wie bei anderen Säugetieren, sondern weit hinter den Augen oben auf der Schädeldecke. Wenn der Delfin Atem holt, muss er nicht den ganzen Kopf aus dem Wasser strecken. Es reicht, wenn der Hinterkopf mit dem Nasenloch aus dem Wasser schaut. Das Nasenloch eines Wals oder Delfins heißt Blasloch, weil die Tiere vor dem Einatmen zuerst mal die verbrauchte Luft durch dieses Loch ausblasen. Dabei bildet sich vor allem bei Walen eine Wolke aus Wassertröpfchen, der so genannte Blas. Auch aus einem anderen Grund ist es wichtig, dass bei Walen das Maul und die Nase voneinander getrennt sind. So können sie ihre Nase und damit die Luftröhre verschließen und gleichzeitig unter Wasser fressen, ohne dass ihnen Wasser in die Lungen dringt.

Warum retten Delfine Menschen?

Delfine sind sehr freundliche Tiere. Als starke und kluge Räuber, die es in der Gruppe sogar mit Haien aufnehmen können, wären sie mühelos in der Lage, auch Menschen zu töten. Doch es ist kein einziger Fall bekannt, in dem Delfine ohne Not auf Menschen losgegangen wären. Im Gegenteil. Es gibt zahlreiche glaubhafte Berichte, dass Delfine Menschen aus Seenot gerettet haben. Sie heben erschöpfte oder verletzte Schwimmer an die Wasseroberfläche und lassen sie Luft holen. Der Grund für dieses freundliche Verhalten liegt wahrscheinlich in dem Artverhalten der Delfine. Neugeborene oder kranke Delfine werden von ihren Artgenossen an die Oberfläche gehoben, damit sie nicht ertrinken.

Ein Schwimmer in Not löst wahrscheinlich genau dieses instinktive Verhalten aus.

Woraus besteht das „Fangnetz“ der Buckelwale?

So riesige Fleischfresser wie der Buckelwal können es sich gar nicht leisten, einzelnen kleinen Fischen nachzujagen. Was sie an Nahrungsenergie gewinnen würden, ginge durch diese Anstrengung sofort wieder verloren. Also muss der Buckelwal auf einmal gleich eine ganze Menge Fische fangen und verschlucken. Und das wiederum gelingt nur, wenn sich möglichst viele Fische auf möglichst engem Raum zusammendrängen. Genau das schafft der Buckelwal mit einer einzigartigen, verblüffenden Jagdmethode.
Sobald er einen Fischschwarm erspäht, taucht er unter die Fische und zieht einen Kreis. Dabei stößt er Luft aus. Die Blasen steigen wie Reihen von Perlenschnüren auf und erzeugen eine Art Vorhang aus Luftblasen, der sich rund um den Fischschwarm bildet. Die Fische meiden diese Luftblasen und drängen sich in der Mitte des „Luftnetzes“ zusammen. In diesem Moment schwimmt der Wal mit Höchstgeschwindigkeit und geöffnetem Maul in den Schwarm. Dabei erbeutet er viele dutzend Fische, die er sofort verschluckt.

Was haben Vögel und Säugetiere gemeinsam?

Säugetiere und Vögel sind warmblütige Tiere. Wie kalt oder heiß es in ihrer Umgebung – im Wasser oder in der Luft – auch sein mag, diese Tiere halten ihre Körpertemperatur konstant. Bei den meisten Arten liegt die Bluttemperatur zwischen 36 und 40 Grad. Bis zu neun Zehntel der Energie, die in der Nahrung enthalten ist, wird für diese innere Heizung verbraucht. Um Energie zu sparen, haben warmblütige Tiere eine Isolierschicht, die sie vor dem Auskühlen schützt.

Säugetiere haben meistens einen Pelz. Wale und Delfine besitzen eine dicke Fettschicht unter der Haut. Vögel tragen ein wärmendes Federkleid. Alle anderen Tiere, wie die Reptilien, Fische oder Insekten, sind kaltblütig und kühlen aus, wenn es zu kalt wird. (Möglicherweise hat es zur Zeit der Dinosaurier auch warmblütige Reptilien gegeben.)

Welche Vorteile haben Warmblüter?

Warmblüter können zum Beispiel auch in extrem kalten Weltgegenden leben. Das beste Beispiel dafür sind die Pinguine. Außerdem sind Vögel und Säugetiere auch bei kühlem Wetter beweglicher als kaltblütige Tiere. Das Blut und damit die mit Blut durchspülten Muskeln haben immer die ideale Temperatur. Reptilien hingegen brauchen warmes Wetter, um auf Nahrungssuche gehen zu können.

Wie viel wiegt das Federkleid eines Vogels?

Das Gewicht eines Vogels besteht im Durchschnitt zu einem Sechstel aus Federn, obwohl jede einzelne Feder federleicht ist. Vögel gehören zu der einzigen Tiergruppe, die Federn hat. Die Flügel anderer fliegender Tiere, zum Beispiel der Fledermäuse oder der ausgestorbenen Flugsaurier, bestehen aus einer dünnen, elastischen Haut.

Wann verändern Vögel ihr Gefieder?

Das im hohen Norden lebende Schneehuhn wechselt seine Gefiederfarbe mit den Jahreszeiten. Im Winterhalbjahr trägt es ein weißes Gefieder. Im Sommer wechselt die Gefiederfarbe in ein scheckiges Braun. So passen sich die Vögel an die im Sommer schneefreien Felsen und Pflanzen ihrer arktischen Heimat an.

Warum haben verschiedene Vögel unterschiedliche Gesänge?

Viele verschiedene Vogelarten bewohnen denselben Lebensraum. Um Missverständnisse zu vermeiden, ist es wichtig, dass die Artgenossen einander sofort erkennen. Und da die Vögel in den Bäumen und Hecken einander viel eher hören als sehen, brauchen sie eindeutige und hörbare Signale.

Was uns Menschen morgens oder in der Abenddämmerung als überwältigendes Gewirr von Stimmen erscheint, kann von den Vögeln klar entziffert werden. Sie achten nur auf den Gesang der Artgenossen. Wenn sich aber zwei Vögel derselben Art von Angesicht zu Angesicht gegenübersitzen oder wenn sie nebeneinander fliegen, hören sie meistens auf zu singen. Sie sagen, was zu sagen ist, durch Gebärden.

Warum singen Singvögel am liebsten morgens und abends?

Singvögel sind die artenreichste Gruppe im Reich der Vögel. Jede zweite der insgesamt 8600 Vogelarten zählt zu den Singvögeln. Mit ihrem Gesang stecken sie ihr Revier ab oder locken Gefährten an. Der Gesang erfüllt damit einen ähnlichen Zweck wie die Duftmarkierung, die viele Tiere an geeigneten Stellen hinterlassen. Düfte freilich bleiben haften, der Gesang dagegen verklingt mit dem letzten Ton. Um ihre Botschaft deutlich zu machen, müssen die Singvögel ihren Gesang ständig wiederholen. Am häufigsten singen sie früh am Morgen und in der Abenddämmerung. Das hat mit dem Wind zu tun. Morgens und abends herrscht meistens Windstille, da ist der Gesang in einem größeren Umkreis zu hören.

Wann zischt die Meise?

Wenn sich ein Räuber ihrem Nest nähert, zischen Meisen wie Schlangen. Manchmal gelingt es ihnen damit, Feinde zu vertreiben. Dieses Verhalten nennt man auch „akustisches Mimikry“, Nachahmung von Lauten. So etwas kommt im Tierreich recht selten vor. Die meisten Tiere, die Mimikry (Nachahmung) betreiben und sich dabei für ein anderes (gefährliches oder ungenießbares) Tier ausgeben, imitieren dessen Aussehen über eine bestimmte Färbung oder Körperform.

Welcher Vogel legt die größten Eier?

Strauße legen die größten Vogeleier. Der Rauminhalt eines Straußeneies beträgt mehr als einen Liter. Etwa 40 Minuten braucht man, um ein Straußenei weich zu kochen. Die Brutzeit dauert 42 Tage. Die Schale ist so hart, dass sich ein hundert Kilo schwerer Mensch draufstellen kann, ohne das Ei zu zerbrechen.

Können Vogelbabys schon piepsen, während sie noch im Ei stecken?

In den letzten Minuten seines Lebens im Ei dreht sich der Jungvogel im Ei um. Dabei zerreißt er mit dem Schnabel eine kleine Luftblase im Ei. Das Küken holt zum ersten Mal im Leben Luft. Und es kann schon piepsen. Mit dem Schnabel hämmert es von innen gegen die Schale. Die Schale bekommt Sprünge, und der winzige Schnabel bohrt sich ein kleines Loch. Die Sprünge in der Eischale werden immer zahlreicher und immer länger. Schließlich bricht das Ei auf, und das Vogelbaby ist endgültig geboren.

Warum helfen Vogeleltern ihren Babys nicht beim Schlüpfen?

Vögel kommen ohne jede elterliche Hilfe zur Welt. Sie müssen es ganz allein schaffen, das Ei zu öffnen. Dabei wäre es für die Eltern ein Leichtes, mit einigen Schnabelhieben das Ei aufzubrechen. Wahrscheinlich tun sie es deshalb nicht, weil das Schlüpfen für das Junge der erste große Test ist. Schwächliche und unterentwickelte Vogeljunge schaffen das anstrengende Schlüpfen gar nicht. Damit sorgt die Natur dafür, dass nur Küken schlüpfen, die später auch Chancen haben, am Leben zu bleiben. Denn bei den meisten Vogelarten müssen die Elterntiere sich sehr anstrengen, um genügend Futter für die hungrigen Kleinen heranzuschaffen. Diese kostbare Nahrung sollen nur die kräftigen Jungen bekommen, bei denen sich die Aufzucht auch lohnt.

Warum haben Kuckuckseier eine so harte Schale?

Kuckucksmütter ersparen sich das anstrengende Brutgeschäft, indem sie ihre Eier kurzerhand in fremde Nester legen und das Brüten und Aufziehen ihrer Jungen anderen Vögeln überlassen. Deshalb muss der Kuckuck auf einen Moment warten, in dem das fremde Nest unbewacht ist. Nun legt der Kuckuck sein Ei zu den anderen Eiern. Dabei muss der Kuckuck äußerst schnell sein. Die unfreiwillige Pflegemutter, vielleicht ein kleiner Singvogel, darf nichts merken. Würde er nämlich den Kuckuck ertappen, wie er sich an seinem Nest zu schaffen macht, dann würde der Vogel sein Nest im Stich lassen – mitsamt dem Kuckucksei. Das Kuckucksweibchen muss sein Ei also in großer Eile legen. Für Vorsicht bleibt da keine Zeit. Oft lässt es das Ei ins fremde Nest plumpsen. Kuckuckseier haben eine härtere Schale als andere Vogeleier und halten eine so unsanfte Behandlung aus. Wenn die Pflegemutter zurückkommt, ist der Kuckuck längst davongeflogen.

Warum merken die Opfer des Kuckucks nichts?

Manche Kuckucksarten sind darauf spezialisiert, ihre Eier immer in die Nester derselben Vogelart zu legen. Die Kuckuckseier sehen den Eiern der Wirtsvögel dann sogar ähnlich. Kuckucke wurden auch schon dabei beobachtet, dass sie ein Ei aus dem fremden Nest geworfen haben, bevor sie ihr eigenes ins Nest gelegt haben. Der heimische Kuckuck legt seine Eier in verschiedenen Nestern ab, zum Beispiel bei Heckenbraunellen, Rotschwänzen oder Stelzen. Kaum jemals bemerken die Pflegemütter, dass da etwas nicht stimmt. Unsere Singvögel können nicht zählen – zumindest können sie sich keine Zahlen merken. Und ihr Instinkt sagt ihnen einfach, dass alles bebrütet werden muss, was wie ein Ei aussieht und im eigenen Nest liegt. Sie brüten nicht nur, sondern füttern später das Kuckucksjunge sogar bis zur eigenen Erschöpfung. Schließlich halten sie es für ihr eigenes Junges.

Warum teilen Vogeleltern ihr Futter nicht unter den Jungen auf?

Unter Jungvögeln im Nest herrscht brutale Konkurrenz. Jedes der Jungen versucht so viel Futter zu ergattern, wie es nur kriegen kann. Die Eltern, die das Futter heranschaffen, machen dabei mit. Ihr Instinkt sagt ihnen, dass kräftige Jungen die besten Chancen haben. Schwächlinge, die sich schon im Nest nicht gegen ihre Geschwister durchsetzen können, hätten auch im Leben draußen weniger Chancen. Die gierigsten Jungen kriegen also am meisten und wachsen deshalb auch am schnellsten, während ihre schmächtigeren Geschwister oft verhungern.

Wozu braucht der Reiher seinen Schlangenhals?

Reiher haben siebzehn Halswirbel. Durch diese vielen beweglich miteinander verbundenen Knochen können sie den langen Hals in alle Richtungen drehen und wenden. Das hilft Reihern bei der Jagd. Der bewegliche Hals ist aber auch dann hilfreich, wenn der Vogel mit dem Schnabel sein Gefieder putzt. Insgesamt haben Vögel mehr Halswirbel als Säugetiere, bei denen es selbst so ein langhalsiges Tier wie die Giraffe nur auf sieben Halswirbel bringt.

Wie hält sich der Reiher sauber?

Reiher fressen gern Frösche, Kröten und Aale – alles Beutetiere, die eine Menge Schleim absondern. Dieser zähe, klebrige Schleim kann das Federkleid bekleckern und unbrauchbar machen. Doch Reiher haben ein Gegenmittel. Auf der Brust und am Steiß sitzen Federn, die zu einem feinen Pulver zerfallen. Diesen Puder trägt der Reiher auf verschleimte Stellen am Federkleid auf. Er saugt den Schleim auf und bildet Klumpen. Um diese Klumpen zu entfernen, haben Reiher an der dritten Zehe noch eine spezielle Klaue, die bestens geeignet ist, diese Klumpen aus Schleim und Puder wegzubürsten.

Welcher Vogel fischt Maulwürfe?

Gewöhnlich waten Reiher durch das Wasser und packen ihre Beutetiere – alle Kleintiere, die es im Wasser gibt – mit ihren langen spitzen Schnäbeln. Graureiher fischen auch an Land, und zwar gehen sie dabei genauso vor, als würden sie im Wasser stehen und Wassertiere jagen. Wenn ein Graureiher einen Maulwurf fangen will, stellt er sich neben einem Maulwurfshügel auf und wartet regungslos. Sobald sich im Hügel etwas bewegt, stößt er mit dem Schnabel blitzartig zu und holt sich den Maulwurf aus dem Bau.

Wie alt kann ein Vogel werden?

Die meisten wild lebenden Vögel werden nicht so alt, wie sie eigentlich werden könnten. Viele von ihnen sterben schon als Jungvögel oder fallen später als erwachsene Tiere Räubern zum Opfer. Ein wild lebender Vogel, von dem man weiß, dass er sehr alt werden kann, ist der Albatros. Papageien können ca. 80 Jahre alt werden.

Welcher Vogel tarnt sich als Blatt?

Fast alle Vögel, die im Wald leben, schlafen auf Bäumen und sitzen dabei auf Ästen. Manche asiatischen Papageien klammern sich zwar an einen Zweig, lassen sich dann aber kopfüber nach unten fallen und hängen wie Fledermäuse. Dabei schwingen sie im Wind sanft hin und her. Diese Baumel-Papageien haben ein grünes Gefieder, und wenn sie im Wind schwanken, können sie unbesorgt schlafen. Ihre Fressfeinde würden sie wohl eher für Blätter als für Vögel halten.

Warum fallen Vögel beim Schlafen nicht vom Baum?

Die meisten Vögel schlafen auf Bäumen. Sie sitzen auf einem Ast. Ihre Zehen haben eine automatische Klammer, die zuschnappt und den Vogel auf dem Ast festhält. Hühner beispielsweise, die auf einer Stange sitzen und schlafen, müssen keine Kraft aufwenden. Sie fallen auch im Schlaf nicht von der Stange.

Warum zeigen die Knie eines Vogels nach hinten?

Wenn Vögel laufen, sieht es so aus, als würden ihre Knie – anders als bei Säugetieren – nach hinten zeigen. Doch das täuscht. Was wie das Knie aussieht, entspricht in Wirklichkeit der Ferse eines Säugetieres. Die wirklichen Vogelknie sitzen hoch oben am Bein und sind meistens unter dem Federkleid verborgen.

Wer adoptiert ein Möwenbaby?

Möwenjunge müssen mindestens fünf Tage alt sein, bevor ihre Eltern die eigenen von fremden Jungen unterscheiden können. Jedes Möwenküken, das seine Eltern verloren hat, wird sofort von einem anderen Paar adoptiert. Um Möwenjunge, die älter sind als fünf Tage, kümmern sich allerdings nur noch die Eltern. Wenn die Eltern sterben, müssen auch die Jungen sterben. Fremde Möwen wissen, dass diese älteren Jungmöwen nicht zu ihrer Familie gehören, und kümmern sich deshalb nicht um sie.

Welcher Vogel ernährt sich von Tiefkühlkost?

Der sibirische Häher hortet sein Futter, indem er es an Baumstämme klebt. Häher sind Allesfresser und legen sich gern Vorräte in der Erde an. Die Heimat des sibirischen Hähers ist jedoch die meiste Zeit des Jahres mit Eis und Schnee bedeckt. Er kann daher nichts eingraben. Stattdessen produziert er viel besonders klebrigen Speichel. Damit klebt er seine Vorräte an Baumstämme und lässt sie anfrieren.

Welcher Vogel sät Eichen?

Die Lieblingsnahrung der europäischen Eichelhäher sind Eicheln. Sie stecken sie in die Erde – als Vorrat für später.

Dann vergessen sie oft ihre vergrabenen Schätze, und aus den Eicheln wachsen junge Eichen.

Steckt der Strauß den Kopf wirklich in den Sand?

Beim Brüten setzt sich der Strauß auf das Ei und streckt den Hals flach auf den Boden. Von weitem sieht ein brütender Strauß wie ein Hügel in der Landschaft aus, weil man den Kopf überhaupt nicht sieht. In Wirklichkeit würde kein Strauß in brenzligen Situationen den Kopf in den Sand stecken. Bei Gefahr flieht er entweder oder verteidigt sich.

Warum gibt es so viele verschiedene Schnabelformen?

Alle Vögel sind Zweibeiner, egal, ob es sich um Flugvögel wie Spatzen, Laufvögel wie Strauße oder Schwimmvögel wie Pinguine handelt. Die vorderen Gliedmaßen sind zu Flügeln oder Schwimmflügeln umgebildet. Mit ihnen kann der Vogel nicht zugreifen und nichts festhalten. Diese Aufgabe erfüllt der Schnabel. Er ist Greifwerkzeug, Waffe, Zange, Nussknacker, Pinzette, Federputzgerät, Beil, Vorratskammer – was immer die jeweilige Vogelart für ihr Überleben braucht.

Auch wenn sie sehr unterschiedlich aussehen und funktionieren, alle Vogelschnäbel bestehen aus einem harten, hornartigen Material.

Wie peilt der Tauchvogel sein Beutetier an?

Tauchvögel mit langen Schnäbeln haben normalerweise lange, gerade Streifen am Schnabel, die vom Kopf zur Schnabelspitze verlaufen. Sie dienen wahrscheinlich als eine Art Visier. Über die Markierungen kann der Vogel sein Opfer genau anpeilen.

Warum haben Geier nackte Hälse?

Geier zählt man zu den Raub- oder Greifvögeln. Doch eigentlich können sie weder rauben noch greifen – höchstens tote Tiere. Nur völlig ausgehungerte Geier greifen Tiere an, die noch am Leben sind – es sei denn, beim Opfer handelt es sich um ein verirrtes Jungtier. Ihre Krallen sind nicht dazu geeignet, Beutetiere zu fassen und zu töten. Mit ihnen können sie sich höchstens an Ästen festklammern. Auch der Geierschnabel ist keine echte Waffe, sondern eher ein Werkzeug, um Kadaver zu zerreißen. Für diese blutige Arbeit ist der lange, unglaublich bewegliche nackte Hals zusammen mit dem Schnabel ein perfektes Instrument. Geierhälse können den Kopf tief in Aas tauchen. Der Hals ist nackt. So bleiben keine blutigen Reste im Gefieder hängen.

Das ist besonders wichtig im heißen Klima, in dem die meisten Geier leben. Denn Blutreste am Hals gäben einen idealen Nährboden für Bakterien und Ungeziefer ab.

Wie sieht die Körperpflege eines Geiers aus?

Nach ihrer Mahlzeit putzen sich Geier sehr sorgfältig und nehmen, wo immer möglich, ein Staubbad. Zur Körperpflege gehört auch die merkwürdige Weise, wie Geier ihren Kot absetzen. Sie machen sich sozusagen in die Hosen, wobei sie natürlich keine Hosen anhaben. Aber der Kot läuft und rutscht die Beine hinunter, auf die Zehen. Was schmutzig und unappetitlich aussieht, ist in Wirklichkeit ein gutes Mittel, um Beine und Zehen zu desinfizieren. Der Kot von Geiern enthält nämlich Substanzen, die Krankheitskeime abtöten. Auf ihre sehr spezielle Art sind Geier sehr reinliche Tiere.

Warum wartet der Kondor auf besseres Wetter?

Der amerikanische Kondor zählt mit einem Gewicht von bis zu elf Kilogramm zu den schwersten flugfähigen Vögeln. Er ist ein ausgezeichneter Gleiter und kann sich in großer Höhe stundenlang in der Luft halten. Dabei segelt er ohne einen einzigen Flügelschlag bis zu fünfzehn Kilometer weit. Allerdings braucht er für seine Ausflüge das richtige Wetter, Sonnenschein und sanfte Winde. Nur dann steigt er auf, um nach kranken oder toten Tieren Ausschau zu halten. Stürme würden ihn weit abtreiben. Und bei Windstille zu fliegen wäre zu anstrengend. Wenn das Wetter nicht stimmt, bleiben Kondore lieber auf der Erde. Sie können tagelang sitzen und auf besseres Wetter warten.

Wie findet der Truthahngeier sein Futter?

Truthahngeier verputzen alles verdorbene Zeug, das ihnen in die Fänge kommt: verfaultes Obst und Gemüse ebenso wie die Ausscheidungen anderer Tiere und kleine Kadaver. Die Hauptsache ist, dass das Futter bereits stinkt. Und tatsächlich finden Truthahngeier ihr Futter, im Gegensatz zu anderen Geiern, nicht durch ihre scharfen Augen, sondern durch ihren Geruchssinn. Sie kreisen über offenem Gelände und lassen sich dann dort nieder, wo etwas zum Himmel stinkt. Truthahngeier werden etwa einen Meter groß und leben in den warmen Gegenden Amerikas.

Warum bekommen Geier keine Fleischvergiftung?

Verdorbenes Fleisch stinkt erbärmlich, und das ist auch gut so. In Kadavern wimmelt es nämlich von Bakterien, die das

Fleisch zersetzen. Zu diesen mikroskopisch kleinen Lebewesen gehören zum Beispiel Salmonellen, die bei Menschen und anderen Säugetieren gefährliche Entzündungen in Magen und Darm hervorrufen, die so genannte Fleischvergiftung. Aasfresser wie Geier, aber auch Schakale und sogar Hunde haben besonders scharfe Magensäfte, die auch Salmonellen abtöten. Im Magen eines Aasfressers können deshalb sogar Knochen zersetzt und verdaut werden.

Benutzen Geier Werkzeuge?

Geier töten zwar keine Beutetiere, treiben sie jedoch manchmal in den Tod. Geier wurden schon dabei beobachtet, wie sie Herdentiere derart in Panik versetzten, dass die Opfer über steile Klippen in den Tod stürzten.

Sie tragen Röhrenknochen, die sie mit dem Schnabel nicht knacken können, hoch in die Lüfte und lassen sie dann fallen. Allerdings nicht in weichen Sand, sondern zielsicher auf Felsen. Dort zerschellen die Knochen, und die Geier machen sich über das Knochenmark her. Und die harten Eier von Straußen werden mit gezielten Steinwürfen geknackt. Der Geier nimmt den Stein in die eine Kralle und dreht sich um. Auf dem anderen Bein stehend, wirft er den Stein in Richtung Ei. Die Chance ist recht groß, dass er nach einigen Fehlwürfen tatsächlich trifft und der Stein die Schale zerschmettert.

Warum rutscht dem Fischadler der Fisch nicht aus den Fängen?

Greifvögel fangen und töten ihre Beute mit dem kraftvollen Zugriff ihrer Krallen. Bei pelzigen oder schuppigen Landtieren ist das kein Problem. Anders liegt der Fall bei glitschigen Fischen, die durch die Schleimschicht auf den Schuppen dem Griff leicht entschlüpfen können. Der Fischadler, der fast ausschließlich Fische frisst, hat daher Stacheln an der Unterseite seiner Zehen. Sie haken sich sofort in die Haut ein und sorgen dafür, dass der Fisch nicht wegflutscht. Fischadler, die fast auf der ganzen Welt verbreitet sind, fangen ihre Beute im Flug. Der Adler fliegt über das Wasser. Sobald er einen Fisch erspäht, der sich zu nahe an die Oberfläche wagt, zieht er seine Flügel eng an den Körper, streckt die Krallen aus und lässt sich auf das Wasser fallen. Dabei versucht er den Fisch zu packen. Bei dieser Jagdmethode hat der Fischadler immer nur einen Versuch; wenn er seine Beute nicht fest halten kann, ist der Fisch sofort abgetaucht und wird wahrscheinlich nicht so schnell wieder an die Oberfläche kommen.

Wie kommt der Flamingo zu seinem Futter?

Auf der Suche nach Nahrung stelzen Flamingos auf ihren langen, dünnen Beinen durch das seichte Wasser. Mit dem gebogenen Schnabel schöpfen sie Wasser: Die Oberseite des

Schnabels liegt beim Wasserfassen unten. Wasser strömt in den geöffneten Schnabel. Der Flamingo schließt den Schnabel und drückt mit der Zunge das Wasser weg, das seitlich durch die Zähne, einer Art Kamm, rausfließen kann. Krebse, Schnecken, Wasserinsekten und kleine Fische bleiben in den „Zinken" hängen und werden verschluckt.

Wie tief kann ein Pinguin tauchen?

Von allen Vögeln entsprechen Pinguine am wenigsten unserem Bild von Vögeln. Auch ihre Lebensweise unterscheidet sich krass von der Lebensweise der meisten anderen Vögel. Pinguine können weder fliegen wie Flugvögel noch vernünftig laufen wie die Laufvögel. Ihr Lebensraum ist das Meer in den Gebieten rund um die Antarktis. Als die besten Taucher im Reich der Vögel fressen sie Fische und andere Meerestiere. Sie können bis zu 20 Minuten unter Wasser bleiben und dabei über 200 Meter tief tauchen. Ihre Flügel sind zu Paddeln und ihre Füße zu Flossen umgebildet. Ihr ganzer Körperbau ist stromlinienförmig. Allerdings sind Pinguine Luftatmer wie alle anderen Vögel auch. Ihre Eier müssen sie ebenfalls an Land ausbrüten.

Warum fasten Pinguinmännchen 64 Tage lang?

Die etwas mehr als einen Meter großen Kaiserpinguine brüten über ihrem einzigen Ei ziemlich genau 64 Tage lang. Das Brutgeschäft übernehmen die Männchen, die in großen Gruppen dicht aneinander gedrängt stehen und so der eisigen Kälte trotzen. Das Ei liegt dabei in einer Federtasche an den Füßen. Während dieser Zeit fressen die Pinguine keinen Bissen. Nach 64 Tagen schlüpft das Junge. Nun füttert es der Vater, und zwar mit dem aufgeweichten Futter, das er die ganze Zeit über im Kropf aufgespart hat. Noch immer ist es bitterkalt, und noch immer rühren sich Väter und Kinder nicht von der Stelle. Der kleine Pinguin findet Schutz in jener Federtasche, in der vorher das Ei gelegen hat. Während all dieser Zeit haben sich die Weibchen im Wasser getummelt und sich tüchtig voll gefressen. Nun endlich kommen sie an Land, watscheln zu den Brutplätzen und übernehmen die Aufzucht ihres Jungen. Die Weibchen erkennen ihr Männchen an der Stimme. Äußerlich sehen die Pinguine selbst für Pinguine alle gleich aus.

Wie überstehen Kaiserpinguine den antarktischen Winter?

Kein anderer Vogel brütet bei so schlechtem Wetter wie der Kaiserpinguin: mitten im Winter in einer der kältesten

Gegenden der Welt, nämlich auf dem Packeis des antarktischen Meeres. Nicht der winzigste Sonnenstrahl wärmt die Männchen, die in stockdunkler Nacht bei grimmiger Kälte wochenlang auf dem Eis stehen, zu ihren Füßen das Pinguinei. Pinguine sind mit ihrem dichten Federkleid und ihrer Speckschicht zwar gut wärmegedämmt, doch wenn die Temperaturen auf Werte unter minus fünfzig Grad fallen, würde ein einzelner Vogel bald selbst zu Eis erstarren. Deshalb rücken sich die Kaiserpinguine gegenseitig möglichst eng auf den Leib und bilden riesige Kolonien. Die innen stehenden Männchen haben es am wärmsten, während die äußeren Pinguine eine lebende Schutzmauer gegen die eisigen Stürme bilden. Nach einiger Zeit vollziehen sie eine Wachablösung. Die außen stehenden Pinguine rücken nach innen, während sich die aufgewärmten Männchen mitsamt ihren Eiern nach außen begeben. Das System funktioniert außerordentlich gut. Es gibt kein ernsthaftes Gerangel um die wärmeren Plätze, sondern jedes Mitglied der Brutkolonie verbringt freiwillig eine bestimmte Zeit als Außenposten. Nur so überstehen die Vögel den antarktischen Winter.

Warum stehen Pinguine an Land aufrecht?

 Die Stummelbeine der Pinguine sind nicht, wie bei anderen Vögeln, am Bauch angesetzt, sondern am Hinterteil. Was im Wasser so wunderbar funktioniert, macht an Land erhebliche Schwierigkeiten. Pinguine müssen sich zum Stehen und Laufen kerzengerade aufrichten. Und weil ihre Beine außerdem so kurz sind, können sie nur mit kurzen Trippelschritten dahinwatscheln. Nur wenn sie schnell vorankommen wollen oder wenn es abwärts geht, lassen sich die Pinguine auf den Bauch nieder und rutschen. Die Beine schieben dann diesen merkwürdigen Schlitten von hinten an. Pinguine können mit ihrem Watschelgang gut leben. Erstens kommen sie gewöhnlich nur zur Paarung oder zum Brüten an Land. Zweitens gibt es in ihrem Lebensraum an antarktischen Küsten oder auf dem Packeis kaum landlebende Raubtiere.

Weshalb brauchen Reptilien eine wasserdichte Haut?

Eidechsen, Schlangen und andere Kriechtiere haben eine fast vollkommen wasserdichte Haut. Sie hält die Körperflüssigkeit im Körper zurück. Das ist notwendig, damit die Tiere nicht austrocknen, wenn sie sich in der prallen Sonne aufheizen. Bei Krokodilen ist die Haut am Rücken mit großen, starren Schuppen bedeckt, die wie kleine Sonnendächer wirken und die eigentliche Haut beschatten. An der Unterseite des Körpers sind die Schuppen kleiner und biegsamer.

Welche Echse fühlt sich bei kühlem Wetter wohl?

Die meisten Reptilien werden erst bei Temperaturen von über 25 Grad richtig aktiv. Deshalb gibt es in heißen Ländern viel mehr Kriechtiere als beispielsweise in Mittel- und Nordeuropa.
Die Brückenechse dagegen hat es lieber kühler. Diese urtümliche Echse lebt auf kühlen Inseln bei Neuseeland und fühlt sich bei zwölf Grad am wohlsten. Sie legt sich nur morgens und abends in die Sonne. Den Tag verbringt sie in Höhlen, und erst in der kühleren Nacht geht sie stunden-

weise auf Jagd. Sie frisst Insekten, Würmer, Schnecken und raubt Vogelnester aus. Natürlich ist sie dabei auch viel langsamer unterwegs als andere Reptilien. Bei Anstrengung atmet sie pro Minute nur achtmal. Im Ruhezustand holt sie pro Minute sogar nur einmal Luft. Auch ihr Herzschlag und alle anderen Stoffwechselprozesse laufen bei diesem Tier äußerst langsam ab. Sie wächst auch sehr gemächlich. Die Brückenechse braucht zirka zwanzig Jahre, um eine Körperlänge von etwa sechzig Zentimetern zu erreichen.

Wie lange schläft die Brückenechse?

Brückenechsen wohnen in selbst gegrabenen Erdhöhlen. Den kalten Winter überstehen sie im Tiefschlaf, und auch im Sommerhalbjahr verbringen sie den Tag und einen großen Teil der Nacht schlafend. Brückenechsen wurden sogar schon dabei beobachtet, wie sie beim Fressen eingeschlafen und erst einen halben Tag später wieder aufgewacht sind, um dann ihre Mahlzeit zu Ende zu fressen. Dank ihres langsamen Stoffwechsels und ihres geruhsamen Lebens werden Brückenechsen bis zu hundert Jahre alt.

Warum schielt das Chamäleon?

Das Chamäleon kann seine Augen unabhängig voneinander in verschiedene Richtungen drehen. Das sieht äußerst merkwürdig aus. Alle anderen Tiere mit beweglichen

Augen gucken mit beiden Augen in die gleiche Richtung. Chamäleons sind Insektenfresser, die ihre Opfer mit der Zunge fangen. Mit seinen Schielaugen sucht es die Umgebung ständig nach Beutetieren ab. Chamäleons haben ein sehr weites Blickfeld und treffen ihre Opfer mit unglaublicher Sicherheit.

Wie tarnt sich das Chamäleon?

Es gibt fünfundachtzig Arten von Chamäleons. Die meisten von ihnen werden nicht größer als zwanzig Zentimeter. Nur das Riesenchamäleon erreicht eine Körperlänge von sechzig Zentimetern. Chamäleons sind mit ihrem Greifschwanz und ihren Krallen, die wie Greifzangen funktionieren, perfekt an das Leben in Bäumen angepasst. Meist schimmern sie grünlich. Da sie sich nur sehr langsam bewegen, sind sie in Baumkronen fast unsichtbar. Chamäleons können auch ihre Farbe wechseln, allerdings nicht zu Tarnzwecken, sondern wenn sie sich ärgern oder fürchten.

Wie schwer ist die schwerste Eidechse?

Komodowarane sind die größten heute lebenden Eidechsen. Sie sind vom Aussterben bedroht und leben auf einigen indonesischen Inseln. Obwohl sie wie Überbleibsel aus der Zeit der Dinosaurier wirken, sind sie eng mit unseren kleinen, flinken Zauneidechsen verwandt. Die bis zu drei Meter langen Fleischfresser können auch für Menschen gefährlich werden.

Warum wandern Eidechsen zwischen Schatten und Sonne hin und her?

Reptilien müssen sich in der Sonne aufwärmen, um ihre ideale Körpertemperatur zu erreichen, deshalb legen sie sich in die Sonne. Wenn es ihnen zu heiß wird, suchen sie den Schatten. Kleine Reptilien können in ihrem Körper nur wenig Wärme speichern. Sie kühlen viel schneller wieder aus, heizen sich aber auch schneller wieder auf. An heißen Tagen flitzen sie deshalb ständig zwischen Schattenplätzen und Sonnenbänken hin und her.

Wie viele Schwänze hat eine Eidechse?

Eidechsen haben nur einen Schwanz. Doch nicht selten kann man Exemplare mit zwei oder mehreren Schwänzen sehen. Eidechsen haben nämlich die Angewohnheit, bei der Flucht vor Räubern ihren Schwanz abzuwerfen. Zuständig dafür ist ein Muskel, der sich zusammenzieht und dabei den Schwanz abbricht. Der Schwanz löst sich vom Körper und zuckt noch eine Weile. Angreifer sind davon verwirrt, und die Eidechse kann sich derweil in Sicherheit bringen.

Der Schwanz wächst nach. Manchmal jedoch bricht der Schwanz zwar, geht aber nicht vollständig ab und wächst später wieder an. Aus der Wunde an der Bruchstelle wächst indessen aber schon ein zweiter Schwanz. Dabei handelt es sich jedoch um eine bloße Knorpelstange, die von der Eidechse bei drohender Gefahr nicht mehr abgeworfen werden kann.

Warum reißen Krokodile ihr Maul so oft auf?

Krokodile können ihr Maul so weit aufreißen, weil die Kiefermuskeln so weit hinten am Schädel sitzen. Das hat durchaus Vorteile. Krokodile können auch große Tiere schnappen und unter Wasser so lange fest halten, bis das Opfer ertrunken ist. Außerdem sperren Krokodile bei großer Hitze ihr Maul weit auf. Die Feuchtigkeit auf den Mundschleimhäuten verdunstet, dadurch kühlt das Krokodil ab.

Wie kommen Krokodilbabys vom Nest ins Wasser?

Krokodile haben ein Furcht erregendes Gebiss und unglaublich starke Kiefer. Wenn man ein wütendes Krokodil auf eine Eisenstange beißen lässt, kann es vorkommen, dass die Gewalt des Bisses seine Zähne oben in den Kiefer treibt. Umso erstaunlicher ist es, wie behutsam und zärtlich Krokodilmütter mit ihren Jungen umgehen können. Schon vor dem Schlüpfen aus dem Ei fängt das Baby an zu piepsen. Die Mutter scharrt den Sand beiseite, unter dem das Nest liegt. Mit ihren gewaltigen Zähnen hebt sie das frisch geschlüpfte Junge hoch und trägt es im Maul ins Wasser. Die Winzlinge bleiben dabei stets unverletzt.

Warum hinterlässt der Wüstengecko keine Fährte?

Wüstengeckos sind fingergroße, eidechsenartige Reptilien, die in einigen Wüstengebieten vorkommen. Ihre Zehen sind durch eine Art Schwimmhaut verbunden. So können sie sich im weichen Sand wie auf Schneeschuhen fortbewegen, ohne einzusinken. Deshalb hinterlassen Wüstengeckos auch keine Fährten – ein großer Vorteil für ein so wehrloses Tierchen. Außerdem kann er sich mit seinen „Schwimmhäuten" besonders gut in den weichen Sand einwühlen. Wüstengeckos brauchen kaum Wasser. Sie nehmen durch die Haut Feuchtigkeit auf und lecken morgens den Tau von Steinen. Wüstengeckos gehen so sparsam mit Wasser um, dass sie sich sogar die Feuchtigkeit aus den Augen lecken, bevor sie verdunstet.

Warum fällt der Gecko nicht von der Zimmerdecke?

Geckos sind eine besonders artenreiche Tierfamilie. Sie kommen in allen warmen Ländern vor, sofern es genügend Insekten als Nahrung gibt und die Nächte nicht zu kalt werden. Denn die meisten Arten sind Nachtjäger. Merkwürdigerweise gehen sie dabei nicht etwa lautlos zu Werke, sondern stoßen alle möglichen Laute aus. Sie zischen, schnarchen oder zirpen. Manche Geckos geben sogar bellende Laute von sich. In vielen Ländern haben sich Geckos auch in menschlichen Wohnungen als willkommene Mitbewohner breit gemacht. Sie machen in der Nacht Käfern, Spinnen und anderen Kleintieren den Garaus. Dabei können sie nicht nur glatte Wände hochlaufen, sondern sogar über Zimmerdecken spazieren. An den Fingern sitzen viele winzige Lamellen, mit denen sich die Tiere selbst in den kleinsten Ritzen festhaken können.

Wann weint eine Schildkröte?

Wasserschildkröten, die zur Eiablage an Land kriechen, weinen tatsächlich. Dicke Tränen purzeln ihnen aus den Augen – natürlich nicht deshalb, weil sie Abschied von ihren Eiern nehmen müssen, sondern um die Augen feucht zu halten.
Wasserschildkröten sind das Leben an der Luft nicht gewöhnt. Außerdem spülen die Tränen Sandkörner weg, die ihnen beim Kriechen durch den Sand ins Auge geraten.

Warum spuckt die Brillenschlange?

Die fast zwei Meter lange Brillenschlange verfügt über zwei Sorten von Gift: Ihre Beutetiere tötet sie durch Bisse ihrer Giftzähne. Gegen Angreifer wehrt sie sich mit giftiger Spucke. Rund um die Speicheldrüsen am Kopf sitzen Muskeln. Bei Gefahr ziehen sich die Muskeln zusammen und lassen die Giftspucke wegspritzen. Brillenschlangen können beim Spucken ziemlich gut zielen und ihren Giftstrahl bis zu zwei Meter weit schleudern. Wenn das Gift in das Auge eines Feindes gelangt, kann er davon erblinden. Brillenschlangen haben ihren Namen von der brillenförmigen Zeichnung am Hals. Bei ihrer Drohhaltung richtet die Schlange den vorderen Teil des Körpers auf und spreizt die lose Haut auf. Mit etwas Fantasie kann man darauf eine Brille erkennen.

Warum können Riesenschlangen so lange fasten?

Riesenschlangen wie die Boas oder Pythons können unglaublich lang ohne Futter auskommen – in manchen Fällen sogar viele Monate. Damit zählen sie zu den besten Futterverwertern der Tierwelt. Der Grund für diese erstaunliche Fähigkeit: Schlangen sind Kaltblüter. Ihre Bluttemperatur ist immer so hoch wie die Umgebungstemperatur. Anders als warmblütige Tiere müssen sie keine Energie dafür aufwenden, die Körpertemperatur konstant zu halten.
Wenn es nichts zu fressen gibt, können manche Schlangen ihren Energiehaushalt auf Sparflamme umschalten. Wenn es allerdings wieder Futter gibt, dann schlagen Riesenschlangen gewaltig zu. Ein fünf Meter langer Tigerpython kann einen kleinen Hirsch in einem Stück verschlingen und ihn dann viele Monate lang verdauen.

Woraus besteht das Nest eines Pythons?

Pythons sind wechselwarme Tiere, deren Körpertemperatur von der Umgebungstemperatur abhängt. Trotzdem können sie sich selbst aufheizen. Sie lassen ihre Muskeln zittern, wodurch die Körpertemperatur um bis zu acht

Grad steigt. Deshalb kann der Python seine Jungen auch wie ein Vogel ausbrüten. Ein Python legt bis zu hundert Eier. Dann schlingt er sich mehrfach um den Eierhaufen und schiebt ihn zusammen. Sein Schlangenkörper bildet nun den Rand des Nestes. Baby-Pythons sind gelb oder rot. Erst wenn sie etwa einen Meter lang sind, färben sie sich grün. Erwachsene Pythons werden bis zu zwei Meter lang.

Wie groß ist die kleinste Riesenschlange?

Zur Tierfamilie der Riesenschlangen gehören zwei Gruppen: die Boas und die Pythons. Sie alle sind ungiftig und töten ihre Opfer durch Erwürgen. Die ungemein muskulösen Tiere umschlingen ihre Beutetiere und drücken sie so lange zusammen, bis der Herzschlag der Opfer aussetzt. Die großen Riesenschlangen wie die Boa constrictor (fünf Meter), die Anakonda (neun Meter) oder der Tigerpython (sechs Meter) jagen und verschlingen Tiere bis zu einer Größe von Wildschweinen. Zur Familie der Riesenschlangen zählen aber auch Winzlinge wie die nordamerikanische Sandboa, die meist nur einen halben Meter lang wird. Ihre Jagdtaktik ist dieselbe wie die ihrer zehnmal so langen Verwandten: Sie lauert Beutetieren auf und umschlingt sie. Ihre Opfer sind natürlich auch entsprechend kleiner: Nagetiere, Vögel und Eidechsen.

Welche Schlange frisst am liebsten Schnecken?

Eigentlich sind Schnecken für viele räuberische Tiere eine leichte Beute – schließlich können sie bei Gefahr nicht davonflitzen. Sie müssen sich auf andere Weise schützen. Viele Schnecken sind ungenießbar, manche sogar giftig. Auch das Schneckenhaus bietet einen gewissen Schutz. Schnecken können bei Gefahr große Mengen Schleim erzeugen, die einem kleineren Fressfeind beim Zubeißen die Nasenlöcher verstopfen. Nur wenige Räuber sind auf Schneckenjagd spezialisiert. Dazu gehört der amerikanische Schneckenfresser, eine siebzig Zentimeter lange, ungiftige Natter. Schneckenfresser können ihren Unterkiefer aushängen und weit nach vorne strecken. Die Schlange schiebt ihren Unterkiefer tief in das Gehäuse der Schnecke, bohrt die Vorderzähne in den Schneckenkörper und zieht die Schnecke mit einer leichten Drehbewegung aus dem Gehäuse. Außerdem kann der Schneckenfresser die Luft lange genug anhalten, um nicht am Schneckenschleim zu ersticken.

Was frisst die Königskobra am liebsten?

Die in Indien und Südostasien beheimatete Königskobra ist die größte Giftschlange der Welt. Sie kann über vier Meter lang werden.

Während andere Fleisch fressende Schlangen, was ihr Futter angeht, nicht sehr wählerisch sind und meistens alles fressen, was kreucht und fleucht, ist die Königskobra heikel. Sie jagt fast nur andere Schlangen und nur in Ausnahmefällen andere Reptilien wie Warane. Vögel und Säugetiere fällt eine Königskobra nur an, wenn sie sich bedroht fühlt. Dann warnt sie den Feind, indem sie den vorderen Teil des Körpers aufrichtet. Mithilfe ihrer beweglichen Rippen am Hals spreizt sie die lose Haut wie einen Regenschirm auf, sodass der Kopf sehr mächtig und eindrucksvoll wirkt. Ihr Biss ist auch für Menschen gefährlich. Jahr für Jahr sterben in Indien Menschen am Biss dieser Schlange.

Kann man eine Schlange beschwören?

Indische Schlangenbeschwörer lassen ihre Kobras zu Flötenklängen tanzen. Die Schlange erhebt sich aus dem Korb, richtet den Oberkörper auf und wiegt sich im Takt zur Musik. So sieht es zumindest aus. In Wirklichkeit tanzt keine Kobra. Sie nimmt eigentlich ihre Verteidigungsstellung ein. Mit dem Kopf folgt sie den Bewegungen der Flöte. Schlangen lassen sich weder beschwören noch tanzen sie im Takt.

Woran sterben Schlangen, denen man die Giftzähne zieht?

Giftschlangen brauchen ihr Gift nicht nur zur Jagd, sondern auch zur Verdauung. Deshalb ist auch einer Giftschlange in Gefangenschaft, der man zur Vorsicht die Giftzähne zieht, kein langes Leben beschieden. Auch wenn gefangene Giftschlangen reichlich gefüttert werden, sterben sie meistens viel früher als Artgenossen, denen man die Giftzähne nicht gezogen hat. Denn Giftschlangen spritzen dem bereits toten Beutetier noch zusätzliches Gift ein. Das macht es leichter verdaulich für sie. Nicht vergiftetes Futter bleibt doppelt bis dreimal so lang im Schlangendarm. Dies führt zu Verdauungsstörungen, an denen die Schlangen häufig sterben.

Warum züngeln Schlangen?

Schlangen können ihre Zunge auch bei geschlossenem Maul hervorschnellen lassen. Möglich ist das, weil selbst bei geschlossenem Kiefer ein kleiner Spalt offen bleibt. Mit ihrer züngelnden Zunge nimmt die Schlange Duftteilchen auf und führt sie in den Rachen. Im Gaumen gibt es zwei kleine Gruben, in denen die beiden Zungenspitzen jeweils ihre Informationen zur Auswertung abgeben.

Woher haben Grubenottern ihren Namen?

Grubenottern wohnen nicht in Gruben. Ihren Namen haben diese in fast allen warmen Ländern verbreiteten Giftschlangen von den beiden Gruben an der Seite des Kopfes. Diese Gruben sind Sinnesorgane, die auf Wärmestrahlung reagieren. (Wärmestrahlen sind elektromagnetische Strahlen. Physiker und Techniker nennen sie auch Infrarotstrahlen.) Grubenottern können ihre Opfer, zum Beispiel Mäuse, in stockfinsterer Nacht aufspüren, weil sie die von den Warmblütern abgegebene Wärmestrahlung „sehen".

Warum entdeckt der Wärmespürsinn nur Säugetiere?

Der Infrarotspürsinn dieser Schlangen ist vor allem in der Nacht und dann auch nur bei der Jagd auf Säugetiere hilfreich. In der Nacht funktioniert der Infrarotsensor deshalb so gut, weil die Temperaturunterschiede zwischen kühlem Sand oder Stein und den warmen Körpern von Säugetieren besonders deutlich sind. Andere Reptilien findet die Grubenotter nicht so leicht. Sie sind ungefähr so warm oder kalt wie ihre Umgebung und fallen daher nicht auf. Der Wärmespürsinn der Grubenottern, von denen es nicht weniger als 123 Arten gibt, hat einen weiteren Vorteil: Grubenottern spüren, wenn sich große Säugetiere nähern, und verschwinden schleunigst.

Warum gibt es in der Wüste keine Frösche?

Frösche können nicht trinken. Natürlich nehmen auch sie, wie jedes Lebewesen, Wasser auf, doch auf eine Weise, die sich sehr davon unterscheidet, wie Säugetiere, Vögel, Reptilien oder Kröten trinken. Die Haut eines Frosches ist nämlich nicht wasserdicht. Und so reicht es völlig, wenn ein durstiger Frosch ein Bad nimmt. Durch die Haut dringt reichlich Wasser in das Körperinnere. Natürlich kann Wasser die Haut in beiden Richtungen passieren: Bei Hitze verdunstet die Feuchtigkeit auf der Haut, und der Frosch muss immer mehr Wasser ausschwitzen, um die Oberfläche feucht genug zu halten. Auf diese Weise kann ein Frosch leicht austrocknen. Frösche brauchen also eine feuchte Umgebung mit vielen Bademöglichkeiten. In einem extrem trockenen Lebensraum wie der Wüste haben Frösche keine Chance. Kröten dagegen, die mit den Fröschen verwandt sind, kommen in Wüstengebieten etwas besser zurecht. Sie brauchen kein Vollbad, um ihren Feuchtigkeitshaushalt zu regulieren, sondern sie können zum Beispiel auch Tautropfen auflecken.

Wann gähnen Fische?

Menschen tun es, Hunde tun es, und auch Fische tun es: Sie gähnen, wenn sie Sauerstoff brauchen. Bei Säugetieren ist das immer dann der Fall, wenn sie müde sind: meistens vor dem Einschlafen oder beim Aufwachen. Bei Müdigkeit fließt das Blut langsamer durch den Körper, kommt seltener bei den Lungen vorbei und nimmt deshalb weniger Sauerstoff auf als sonst. Dadurch enthält das Blut auch mehr Kohlendioxid. Wenn wir gähnen, pumpen wir reichlich Sauerstoff in die Lungen, der nun vom Blut aufgenommen wird. Auch Fische reißen beim Gähnen das Maul auf. Dadurch strömt mehr Wasser durch die Kiemen, und das Blut in den Kiemen kann mehr Sauerstoff aufnehmen. Merkwürdigerweise gähnen Fische nicht morgens und abends, sondern meistens mitten am Tag. Sie gähnen, wenn sie am lebhaftesten sind – dann brauchen sie am meisten Sauerstoff. Auch bei Gefahr reißen sie plötzlich das Maul auf. Der Sauerstoffschub hilft ihnen, mit voller Kraft zu fliehen.

Wie schlafen Fische?

Fische haben keine Augenlider und können deshalb die Augen nicht schließen. Trotzdem brauchen sie ihren regelmäßigen Schlaf. Sie schlafen einfach mit offenen Augen. Die Schlafhaltung ist von Art zu Art verschieden. Manche Fische kippen beim Schlafen einfach auf die Seite und trei-

ben im Wasser. Viele Fischarten, die in Schwärmen im Flachwasser leben, betten den Kopf auf den Meeresgrund und lassen den übrigen Körper hochragen. Dabei zeigt jeder Fisch des Schwarms mit dem Schwanz in eine andere Richtung. Wieder andere Fischarten, die in Riffgebieten leben, verkriechen sich zum Schlafen in Höhlen.
Der Grund, warum man so selten schlafende Fische sieht, ist ganz einfach: Die meisten Arten schlafen in der Nacht, wenn es im Wasser finster ist. Denn Mondlicht und Sternenschein sind viel zu schwach, um größere Tiefen zu erhellen. Taucher brauchen Unterwasserscheinwerfer, um schlafende Fische zu entdecken.

Wozu dient schlafenden Fischen ihre Fischblase?

Plattfische leben auf dem Meeresgrund, doch zum Schlafen schwimmen manche Arten an die Wasseroberfläche. Hier formen sie mit ihrem flachen Körper eine Art Schüssel und treiben schlafend dahin. Flundern steigen nicht so weit hoch. Sie schweben nachts lediglich einige Zentimeter über dem Meeresgrund.
Möglich sind die verschiedenen Schlafstellungen der Fische, weil sie mithilfe der Fischblase exakt die Waage zwischen Körpergewicht

und Wassergewicht halten können. Sobald sie die Gasblase nur um eine Spur erweitern, steigen sie unmerklich hoch. Umgekehrt sinken sie ab, sobald sie die Gasblase etwas verkleinern. Auf diese Weise schweben die Fische im Wasser, ohne eine Flosse zu rühren. Knorpelfische wie die Haie haben keine Fischblase. Sie sind etwas schwerer als das Wasser, das sie mit ihrem Körper verdrängen, und sinken daher ab. Manche Arten legen sich zum Schlafen auf den Meeresgrund. Hochseehaie dagegen müssen auch im Schlaf ihre Flossen bewegen, um nicht unterzugehen.

Welcher Fisch macht sich abends sein Bett?

Der Papageifisch richtet sich jeden Abend sein Schlaflager. Er produziert einen Schleim, mit dem er Luftblasen zusammenklebt. Dieses luftige Gewebe formt eine Art Schlafsack, der den schlafenden Papageifisch umhüllt.

Welche Fische stehen unter Strom?

Wenn römische Kaiser von Kopfweh geplagt wurden, kam ein Leibarzt mit einem lebendigen Aal, legte dem Herrscher den Fisch an die Schläfen, und manchmal ging es dem Patienten anschließend besser. Aale können nämlich elektrische

Schläge austeilen. Solche leichten Stromstöße galten als gutes Mittel, um starke Kopfschmerzen zu lindern. Natürlich hatte man damals keine Ahnung, was diese merkwürdig prickelnden Schläge zu bedeuten hatten. Heute weiß man, dass Aale und auch einige andere Fische Strom erzeugen können. Damit verwirren und lähmen sie ihre Opfer.

Welches Tier tötet seine Beute mit Strom?

Die stärksten Stromschläge teilt eine Aalart aus, die im südamerikanischen Amazonas zu Hause ist. Dieser Aal kann mit seinen 550-Volt-Elektroschocks sogar Tiere töten, die so groß sind wie ein Pferd. Haushaltsstrom hat eine Spannung von 220 Volt.

Wieso können Tiere Strom erzeugen?

In jedem Tier fließen ständig winzige Ströme. Sie spielen eine wichtige Rolle bei der Übertragung von Signalen im Nervensystem und bei der Arbeit des Gehirns. Mit einem Gerät namens Elektroenzephalogramm (abgekürzt EEG; übersetzt Hirnstromschreiber) können die Hirnströme gemessen werden.

Auch wenn sich ein Muskel zusammenzieht, gibt es winzige elektrische Entladungen. Dabei funktionieren Muskelzellen wie Minibatterien. Sie bauen Spannung auf, und bei der Entladung fließt jedes Mal eine kleine Menge Strom.

Wo sitzen die „Batterien“ des Aals?

Bei einer Reihe von Fischarten haben sich bestimmte Muskeln zu regelrechten „Batterien“ entwickelt. Die einzige Aufgabe dieser Muskeln besteht darin, Strom zu erzeugen. Elektrische Aale sind die besten Stromgeneratoren im Tierreich. Sie haben bis zu 6 000 solcher Minibatterien, von denen jede einzelne eine Spannung von einem zehntel Volt erzeugt. Damit haben die räuberischen Aale eine perfekte Jagdwaffe. Wenn diese Spannung auf einmal entladen wird, gibt es einen tüchtigen Schlag, der das Opfer tötet oder zumindest lähmt.

Welche Raubtiere spüren ihre Beute mit Elektrodetektoren auf?

Manche Aale und Haie spüren die winzigen Ströme, die in jedem Organismus fließen und dabei schwache elektromagnetische Felder aufbauen. Ein derartiges Sinnesorgan fehlt uns Menschen und den meisten anderen Säugetieren. Strom spüren wir nur dann, wenn wir in einen stärkeren Stromkreis geraten. Wir nehmen nicht einmal das starke elektromagnetische Feld eines Fernsehgerätes wahr. Aale und Haie dagegen haben ein eigenes Sinnesorgan, das sie befähigt, die fast nicht messbaren bioelektrischen Ströme zu spüren, die in den Muskeln eines Tieres fließen. So finden sie jedes Lebewesen in ihrer Nähe.

Welche Wassertiere haben einen Kompass?

Schlechte Sicht und nur wenige Punkte, an denen man sich orientieren kann: Tiere, die ihr Leben im Wasser verbringen, bräuchten eigentlich einen Kompass, um sich in den endlosen Weiten der Ozeane zurechtzufinden. Und tatsächlich haben viele Arten ein Sinnesorgan entwickelt, das wie ein Kompass funktioniert. Ein Kompass ist ein Gerät, das auf das Magnetfeld der Erde reagiert. Die Kompassnadel zeigt an, in welcher Richtung die magnetischen Pole der Erde liegen. Manche „Elektriker" unter den Fischen, zum Beispiel Haie und Aale, spüren das Magnetfeld der Erde direkt. So können sie sich auf ihre endlosen Reisen begeben, ohne jemals die Orientierung zu verlieren. Auch von Walen nimmt man an, dass sie sich auf ihren Wanderrouten am Magnetfeld der Erde orientieren.

Welcher Fisch angelt sich die Beute?

Ohne seinen Anglertrick müsste der Seeteufel verhungern. Seeteufel sind schwerfällige Fische, die fast zwei Meter lang werden. Die Hälfte der Körperlänge nimmt das riesige

Maul ein. Zum Angeln legt sich der Seeteufel auf den Meeresgrund, klappt das Maul zu und macht insgesamt einen harmlosen und friedlichen Eindruck. Vor dem Maul allerdings baumelt der Köder: eine leuchtende Kugel, die am Ende eines Stabes sitzt, der wiederum aus der Rückenflosse wächst. Sobald sich ein Fisch, vom Leuchtköder angelockt, vor das Maul des Seeteufels wagt, klappt der Räuber sein gewaltiges Maul blitzschnell auf. Dabei wird eine große Menge Wasser ins Maul und weiter in den Magen gesaugt – und mit dem Wasser auch die Beute. Seeteufel sind schwerer als Wasser und leben daher fast immer auf dem Meeresgrund. Sie können schlecht schwimmen, dafür aber kriechen. Ihre Brustflossen funktionieren wie Stummelbeine. Damit schleppen sie sich über den Grund.

Wie täuscht der Maulbrüter sein Weibchen?

Die Weibchen des afrikanischen Maulbrüters meiden die Männchen ihrer Art, wo immer sie nur können. Deshalb muss das Männchen dieser Fischart zu einer List greifen, um die Eier seines Weibchens zu besamen. Auf seiner Schwanzflosse sitzt ein Gebilde, das einer Packung Fischeier täuschend ähnlich sieht. Die Paarung – nämlich das Befruchten der Eier durch den männlichen Samen – geschieht so: Das Weibchen legt seine noch unbesamten Eier auf den Meeresboden ab und versucht, die Eierpackung mit dem Maul aufzunehmen. Die Eier müssen nämlich im Maul ausgebrütet werden. Nun kommt der Trick. Das Männchen setzt seine Samen auf einer Stelle daneben ab. Dann legt es die Flosse darauf, die wie eine Eierpackung aussieht. Das Weibchen lässt sich täuschen. Es hält diese Mogelpackung für eine zweite Portion Eier und versucht, die Flosse des Männchens in das Maul zu bekommen. Dabei nimmt es die Samen des Männchens auf, das nun seine Flosse wegzieht und davonschwimmt. Im Maul des Weibchens treffen die Samen des Männchens und die Fischeier aufeinander. Die Eier werden befruchtet und können sich nun entwickeln.

Wie macht der Putzerfisch klar, dass er nicht gefressen werden will?

Einige kleinere Fischarten leben davon, den Kopf und das Maul von großen Raubfischen von Parasiten und Futterresten zu säubern. Dazu gehört auch der höchstens handgroße Putzerlippenfisch. Er schwimmt sogar in das Maul von Raubfischen, um ihnen die Zähne zu putzen. Beide Seiten leben gut davon: Der Putzer kommt an Futter, und der Raubfisch wird Nahrungsreste los, die sonst im Maul verfaulen würden. Deshalb hüten sich die Raubfische, die kleinen Reinigungskräfte aufzufressen. Sie erkennen die Putzer am eigenartigen Schwimmtanz, den sie vor ihrer Arbeit vor dem Maul des Raubfisches aufführen. Dann klopft der Putzer an. Er stößt mit seinem Maul an das weitaus größere Maul des Raubfisches. Der macht auf und lässt den kleinen Fisch hinein. Putzerfische säubern auch die Außenhaut der großen Fische von Parasiten, besonders in den heiklen Bereichen von Kiemen und Flossen.

Was ist der gemeinste Trick im Tierreich?

Putzerfische können nur arbeiten, wenn zwischen Putzer und Raubfisch Vertrauen herrscht. Der Putzer muss sich darauf verlassen können, dass er nicht gefressen wird. Umgekehrt muss der große Raubfisch wissen, dass ihm der Putzerfisch nichts tut.

Dies nutzt der Säbelzahn-Schleimfisch auf besonders üble Weise aus. Dieser fingergroße Fisch tarnt sich als nützliche und harmlose Seeschwalbe, eine Putzerfischart. Er sieht dem Putzerfisch sehr ähnlich und führt auch denselben Tanz auf, mit dem sich echte Putzerfische ausweisen. Deshalb lassen ihn die großen Raubfische in die Nähe. Der Säbelzahn-Schleimfisch stößt dann blitzschnell vor, beißt zu und reißt dem großen Fisch ganze Stücke aus den Flossen. Bevor der Räuber merkt, wie ihm geschieht, ist der kleine Räuber mit seiner Beute verschwunden.

Was fressen die größten Haie?

Die größten Haie fressen, genauso wie auch die größten Wale, ausschließlich winzige Tierchen und Pflanzen (Plankton), die im Wasser treiben. Zu diesen Giganten gehört der Riesenhai mit einer Körperlänge von zehn Metern. Er schwimmt mit offenem Maul, sodass Wasser durch das Maul hineinströmt und durch die Kiemen wieder austritt. Das Plankton bleibt an einem Filter in den Kiemen hängen und wird verschluckt. Noch ein ganzes Stück größer als der Riesenhai wird der Walhai. Angeblich wurden schon achtzehn Meter lange Walhaie gesichtet. Auch er filtert seine Nahrung aus dem Wasser.

Welche Tiere sind die skrupellosesten Blutsauger?

Stechmücken und Vampirfledermäuse schaden ihren Opfern vor allem dadurch, dass sie Krankheiten übertragen. Ansonsten nehmen sie nur so viel Blut auf, wie sie im Moment brauchen, und fliegen anschließend wieder davon. Anders das Meerneunauge. Dieser Fisch saugt sich an seinem Opfer so kräftig fest, dass er kaum wieder entfernt werden kann. Der ungebetene Gast muss vom Wirt oft sein

Leben lang herumgetragen werden. Freiwillig lässt das Neunauge seine Beute nur dann los, wenn er ein attraktiveres Opfer gefunden hat oder wenn sein Opfer gestorben ist.

Welche Fische können mithilfe ihrer Flossen fliegen?

Fische atmen den im Wasser enthaltenen Sauerstoff. In der Luft können sie ebenso wenig atmen wie Säugetiere unter Wasser. Deshalb können Fische normalerweise nur für kurze Zeit an die Wasseroberfläche kommen. Aber bei Gefahr schießen Fliegende Fische mit einer Geschwindigkeit von bis zu dreißig Stundenkilometern aus dem Wasser und segeln dann auf ihren ausgespannten Brustflossen dahin. Die Schwanzflosse treibt den Fisch wie ein Propeller an. Fliegende Fische können deshalb bei einer Flughöhe von einigen Metern bis zu einem halben Kilometer weit durch die Luft segeln. Das ist eine wirksame Methode, um Fressfeinden zu entgehen, die im Wasser bleiben müssen. Nach längerem oder kürzerem Segelflug klatschen die Fliegenden Fische ins Wasser zurück, sind nun aber außerhalb der Reichweite ihrer Feinde. Einige wenige Raubfische haben sich darauf eingestellt, wie Fliegende Fische fliehen. Sie lassen sich nicht verblüffen, sondern verfolgen den Flugfisch unter Wasser. Sobald er landet, wird er geschnappt.

Welche Raubtiere fressen am wenigsten?

Haie sind die Sparmeister unter den Raubtieren. Tigerhaie zum Beispiel brauchen pro Tag als Futter nur eine Fleischmenge, die einem Hundertstel ihres Körpergewichtes entspricht. Sie können sogar drei Wochen lang ohne Nahrung auskommen, ohne Schaden zu nehmen. Ein in einem Aquarium gehaltener, 150 Kilogramm schwerer Hai kam ein Jahr lang mit nur 80 Kilogramm Fleisch aus. Das ist nur wenig mehr als die Hälfte seines Körpergewichtes. Pro Tag fraß er nicht einmal ein viertel Kilo. Dies ist umso erstaunlicher, wenn man bedenkt, um wie viel gieriger landlebende Fleischfresser sind. Ein Tiger beispielsweise muss wöchentlich sein eigenes Gewicht an Fleisch fressen, um zu überleben.

Erkennt man Haie an der spitzen Flosse?

Normalerweise schwimmen große Haie so tief, dass man sie vom Schiff oder von der Küste aus überhaupt nicht sieht. Das „spitze Dreieck“, das in vielen Haigeschichten die Wasseroberfläche durchschneidet und den Hai ankündigt, ist selten zu sehen. Wenn eine Rückenflosse aus dem Wasser ragt, dann gehört sie wahrscheinlich einem Schwertfisch, einem Thunfisch oder einem Delfin. Haie lassen sich, wenn überhaupt, nur dann an der Oberfläche sehen, wenn man von Schiffen aus Müll ins Meer kippt.

Warum gibt es keine Süßwasserhaie?

Haie und ihre Verwandten sind Knorpelfische und haben kein Knochenskelett, also auch keine Gräten. Knorpelfische, von denen es nur 575 bekannte Arten gibt, unterscheiden sich auch in einem anderen wichtigen Punkt von den Knochenfischen: Sie haben keine Schwimmblase, die ihnen hilft, im Wasser zu schweben. Haie gibt es nur im Meer, wo der Salzgehalt den Auftrieb erhöht. Salzwasser hat ein geringeres spezifisches Gewicht als Süßwasser, deshalb schwimmt es sich im Salzwasser auch leichter.

Wie macht sich der Sandtigerhai schwerelos?

Der Sandtigerhai jagt seine Beute in seichten Gewässern, aber nicht am Meeresgrund. Um bewegungslos im Wasser schwebend auf Beutetiere lauern zu können, kommt er ab und zu an die Oberfläche und schluckt Luft. Sein aufgeblasener Magen leistet ihm dann ähnlich gute Dienste wie die Fischblase den Knochenfischen: Er muss sich nicht bewegen, um nicht unterzugehen.

Warum schaukeln Haie manchmal Boote?

Viele große Meerestiere tragen ganze Kolonien von lästigen Mitbewohnern mit sich herum: Fische (wie die Schiffshalter), aber auch Muscheln und Algen und vor allem Seepocken (so nennt man Kolonien von kleinen Krebsen). Diese Rankenfüßer haben alle Ähnlichkeit mit Krebsen verloren und sehen aus wie Muscheln. Sie ernähren sich von Kleinstlebewesen, die von der Strömung herangespült werden und die sie mit ihren Gliedmaßen einsammeln. Alte, mit Seepocken übersäte Grauwale sehen manchmal aus wie Felsen. Dem Wal selbst sind diese Mitbewohner eher lästig. Wahrscheinlich juckt es ziemlich. Wale und andere Wassertiere können sich nicht kratzen. Vielleicht springen Wale auch deshalb aus dem Wasser, um die Haut beim mächtigen Platsch zurück ins Wasser von Parasiten freizuspülen. Haie schwimmen manchmal an Boote heran, um sich an ihnen zu scheuern. Dabei bringen sie die Schiffe zum Schaukeln. Früher glaubte man, Haie wollten das Boot zum Kentern bringen, um die Insassen aufzufressen. In Wirklichkeit brauchen sie nur einen Gegenstand, an dem sie sich den Rücken kratzen können.

Warum verlieren Haie so leicht ihre Zähne?

Die großen Hochseehaie töten ihre Beute, indem sie ihre messerscharfen Zähne in den

Leib des Opfers schlagen, das Beutetier schütteln und dann große Brocken aus dem Körper reißen. Angesichts der Wucht, mit der diese Tiere ans Werk gehen, ist es kein Wunder, dass sich die Zähne leicht lockern. Anstatt die Zähne fest zu verwurzeln, wie dies beispielsweise bei räuberischen Säugetieren der Fall ist, lassen die Haie verbrauchte Zähne ausfallen. Hinter den vorderen Zahnreihen sitzen bereits weitere Zähne, die sich vorwärts schieben und die verbrauchten Zähne ersetzen.

Gibt es heute noch dreißig Meter lange Haie?

Die für Menschen gefährlichste Haiart ist der bis zu acht Meter lange Weiße Hai. Vielleicht gibt es in der Tiefsee noch gewaltigere Räuber. Auf dem Meeresboden hat man jedenfalls dolchartige Haizähne gefunden, die etwa dreizehn Zentimeter lang waren und zu einer mit dem Weißen Hai verwandten Art gehören. Der ehemalige Besitzer dieser Zähne war vermutlich über zwanzig Meter, vielleicht sogar dreißig Meter lang. Sein Maul war mit zwei Metern Durchmesser etwa so groß wie ein Garagentor. Man nimmt an, dass diese Art vor 50 000 Jahren ausgestorben ist. Doch ganz sicher kann man sich nicht sein. Vielleicht leben solche Riesenhaie noch im tiefen Wasser. So ein Hai könnte einen ganzen Ochsen verschlingen.

Welche Vorteile bringt die Fischblase den Knochenfischen?

Die Fischblase der Knochenfische hat drei große Vorteile. Erstens können sich Knochenfische durch die Fischblase schwerelos im Wasser halten und müssen nicht ständig in Bewegung sein. Dadurch sind sie manövrierfähiger. Sie können sogar rückwärts schwimmen. Haie können das nicht. Zweitens ist durch die Fischblase ein kräftigerer Körperbau möglich. Die Muskeln finden Ansatzpunkte an den schwereren Wirbeln und Gräten, deren Gewicht einen Knochenfisch ohne Fischblase zu Boden ziehen würde. Drittens konnten die Knochenfische vielfältigere Lebensformen entwickeln als die Knorpelfische. Sie eroberten sämtliche Lebensräume im Wasser – von Süßwasserteichen bis zu den Tiefen der Ozeane und den Höhlen in Riffgebieten. Seepferdchen und Thunfische, Kugelfische und Aale – sie alle gehören zu den Knochenfischen.

Welcher Fisch schwimmt aufrecht?

Seepferdchen sind wirklich bemerkenswerte Tiere. Sie sind die einzigen Fische, die aufrecht schwimmen. Mit dem spiralförmig eingerollten Schwanz klammern sie sich an Algen oder Felsen fest. Den Kopf, der einem Pferdekopf ähnlich sieht, trägt der daumen-

lange Fisch hoch erhoben. Seepferdchen bemühen sich, in den Augen von Fressfeinden wie Algen oder Steine auszusehen. Sie haben deshalb bizarre Hautlappen und Auswüchse entwickelt. Bei Raubfischen kommen sie mit ihrer Tarnung erstaunlich oft durch, nicht jedoch bei Krabben. Offensichtlich sind Krabben zu dumm, um sich täuschen zu lassen. Sie fressen alles an, was ihnen vor die Scheren kommt.
Seepferdchen ernähren sich von Kleinstkrebsen und im Wasser treibenden Larven.

Bei welchen Tieren gibt es schwangere Männchen?

Noch erstaunlicher als ihre aufrechte Schwimmhaltung ist die Art und Weise, wie Seepferdchen Nachkommen zeugen. Bei ihnen gibt es nämlich den perfekten Rollentausch. Nicht das Männchen wirbt um das Weibchen, sondern umgekehrt. Das buntere Weibchen führt eine Art Hochzeitstanz auf. Wenn das Männchen einverstanden ist, legt das Weibchen seine Eier in die Bruttasche am Bauch des Männchens. Nun ist tatsächlich das Seepferdchenmännchen schwanger. Die Jungen schlüpfen in seiner Bruttasche, und der Vater bringt schließlich die Babys zur Welt. In Wolken strömen die winzigen Seepferdchen aus Papis Bauch.

Warum schwimmen Fischbabys im Plankton mit?

Viele Fischbabys beginnen ihr Leben als Plankton. Sie schwimmen in diesen gewaltigen Wolken aus Algen und Kleintieren mit, die in der Nähe der Oberfläche vor allem kalter Meere treiben. Dabei laufen sie zwar Gefahr, von Tieren gefressen zu werden, die sich von Plankton ernähren, aber es gibt für die winzigen Jungfische in einer Planktonwolke genug Kleinstlebewesen als Futter. Plankton treibt mit den Meeresströmungen. Auf diese Weise kommen die Fischbabys auch in Gebiete, die von ihrer Art noch nicht besiedelt wurden, und die Fischart breitet sich aus.

Was passiert mit einem Tiefseefisch, wenn er auftaucht?

Die Bewohner der Tiefsee sind perfekt an den enormen Druck angepasst, der in den großen Wassertiefen herrscht. Der Innendruck in ihrem Körper ist genauso groß wie der Außendruck. Deshalb leiden sie nicht unter dem Gewicht, das auf ihnen lastet. (In elf Kilometern Wassertiefe hat das Wasser einen Druck, der dem Gewicht von sieben Tonnen auf einem Quadratzentimeter entspricht.) Wenn solche Tiefseetiere aus dem Wasser gezogen werden, platzen sie regelrecht. Der Innendruck hat keinen Gegendruck mehr. Nur wenige Tiere können sich in verschiedenen Wassertiefen aufhalten. Dazu gehört der Pottwal, der in einer Tiefe von immerhin zwei Kilometern Riesenkraken fängt. Er hat ein kompliziertes Druckausgleichssystem.

Warum sind die in Korallenriffen lebenden Fische so bunt?

Die Gewässer um Korallenriffe zählen zu den am dichtesten und am artenreichsten besiedelten Lebensräumen der Erde. Die hier lebenden Fischarten haben Formen, Farben und Muster von ungeheurer Vielfalt entwickelt. Daran können die Fische in diesem verwirrenden Treiben ihre Artgenossen sofort erkennen. Farben dienen auch als Signalgeber. Manche Fische werden erst so richtig bunt, wenn sie sich tüchtig ärgern. So warnen sie Artgenossen davor, einen Streit anzuzetteln.

Welche Fische ändern ihre Farben?

Manche Fische ändern ihre Farben, um nicht aufzufallen. Am besten kann das der Plattfisch, der auf dem Meeresgrund lebt. Manche Plattfische ändern nicht nur Farben, sondern auch die Zeichnung. Auf einem grau gesprenkelten Untergrund entstehen beim Plattfisch auf der Oberseite graue Punkte. Ein Plattfisch kann sogar das Muster eines Schachbrettes nachahmen. Versuche in Aquarien haben gezeigt, dass sie dafür länger brauchen als für Muster, die ihnen vom Leben in freier Natur vertraut sind. Doch mit der Zeit bilden sie auch schwarzweiße, rechteckige Kästchen in der Größe von Schachfeldern nach. Andere Fische passen ihre Farbe an die Wassertiefe an. Wenn sie im hellen Wasser nahe der sonnenbeschienenen Oberfläche schwimmen, verblassen sie, in der Nähe der etwas tiefer liegenden, bunten Korallenstöcke werden sie rot und blau.

Wie platt sind die Jungen von Plattfischen?

Plattfische liegen auf der Seite am Boden. Beide Augen sitzen auf der nach oben gewandten Seite des Kopfes und gucken hoch. Nur junge Plattfische sehen aus wie andere Fische auch. Sie schwimmen aufrecht, und ihre Augen sitzen zu beiden Seiten des Kopfes. Einige Wochen nach dem Schlüpfen beginnt die Veränderung: Der Körper wird immer flacher, und ein Auge wandert auf die andere Seite. Nun hört der Plattfisch auf, im Wasser herumzuschwimmen, und legt sich mit der augenlosen Seite nach unten auf den Meeresgrund. Es gibt insgesamt 520 Arten von Plattfischen, die bis auf wenige Ausnahmen alle im Meer leben. Sie alle sind Raubfische, die auf dem Meeresgrund jagen.

Welche Fische reisen per Anhalter?

Die Schiffshalter sind eine Gruppe von Fischen, die sich, anstatt selbst zu schwimmen, lieber von großen Fischen (oder Schiffen) im Meer herumtragen lassen. Sie haben nur schwache Flossen, dafür aber einen Saugnapf auf dem Rücken. Damit saugen sie sich am Fischleib fest. Schiffshalter ernähren sich von Parasiten, die auf der Haut ihres Wirtes sitzen, oder vom Futter, das abfällt, wenn der unfreiwillige Gastgeber ein Opfer erbeutet. Diese Gastgeber – meistens große Raubfische, Wale oder auch Schildkröten – können ihre Mitfahrer und Mitesser nicht abschütteln, so schnell sie auch schwimmen. Manche Arten von Schiffshaltern sind auf ganz bestimmte Wirte spezialisiert. Der Küstensauger beispielsweise, der bis zu einem halben Meter lang werden kann, saugt sich nur auf dem Blauhai fest.

Wie kann man mit Fischen Schildkröten angeln?

Schiffshalter, die man in offener See aussetzt, suchen sich sofort eine neue Transportmöglichkeit. Das machen sich Inselbewohner in der Karibik zunutze. Sie benutzen die kleinen Anhalterfische, um große Schildkröten zu fangen. Sobald eine Schildkröte vom Boot aus zu sehen ist, wickelt man eine Leine um die Schwanzflosse des Schiffshalters und setzt ihn aus. Sofort wird er auf die Schildkröte losschwimmen, um sich dort festzusetzen. Nun können Fisch und Schildkröte an der Leine zum Boot gezogen werden.

Wie finden sich Fische in der finsteren Tiefsee?

Die stockfinstere Tiefsee, wo ein ungeheurer Wasserdruck herrscht, ist ein sehr schwer zu erforschender Lebensraum, der noch viele Geheimnisse birgt. Eins dieser Rätsel ist, wie Artgenossen einander finden. Viele Tiefseewesen haben Leuchtkörper, mit denen sie sich gegenseitig anlocken. Manche Tiefseefische lösen das Problem der Partnersuche ein für alle Mal auf eine besonders merkwürdige Weise. Sobald das kleinere Männchen ein Weibchen gefunden hat, heftet es sich fest an die Partnerin an und lässt sie sein Leben lang nicht mehr los. Das Männchen verwächst regelrecht mit dem Weibchen. Die Männchen fressen nicht mal mehr, sondern schließen sich an den Blutkreislauf des Weibchens an.

Welcher Raubfisch ist am blutrünstigsten?

Nicht Haie, sondern Thunfische sind die blutrünstigsten Räuber der Meere. Normalerweise töten auch Thunfische nur so viele Beutetiere, wie sie auch fressen können. Doch bisweilen geraten Thunfische in einen wahren Blutrausch. Sie toben sich in Fischschwärmen aus und zerfetzen zehnmal mehr Fische, als sie fressen. In seltenen Fällen wird auch von Haien berichtet, dass sie außer Kontrolle geraten und alles Lebendige in Reichweite zerreißen.

Welche Tiere fressen ihre Geschwister im Mutterleib?

Junge Sandhaie entwickeln sich in Eiern, die von der Mutter jedoch nicht gelegt, sondern im Bauch behalten werden. Im Mutterleib schlüpfen die Junghaie aus den Eiern. Für den Überlebenskampf im Meer sind sie noch zu wenig entwickelt. Die Babys müssen noch einige Zeit im Mutterleib bleiben. Während dieser Zeit brauchen die Jungen natürlich etwas zu fressen. Die einzige Nahrungsquelle eines Sandhais im Mutterleib sind seine Geschwister. Der kräftigste, meistens der zuerst geschlüpfte Hai frisst die übrigen Eier und Embryos und bleibt als einziger übrig. Sandhaie bringen deshalb immer nur ein einziges Junges auf die Welt, und zwar das stärkste und gierigste.

Warum haben Fische einen hellen Bauch?

Bei fast allen Fischen ist die Rückenseite deutlich dunkler gefärbt als die Bauchseite. Damit tarnen sie sich. Von oben gesehen muss ein Fisch ziemlich dunkel sein, damit er sich gegen den dunklen Untergrund nicht abhebt. Umgekehrt sollte seine Unterseite hell sein. Feinde oder Beutetiere, die unter dem Fisch schwimmen, blicken hoch in das hellere Wasser. Ein dunkler Fleck würde sich zu deutlich gegen die helle Wasseroberfläche abheben, ein heller Fleck dagegen verschmilzt mit dem Licht.

Welcher Fisch schwimmt mit dem Bauch oben?

Tote Fische schwimmen mit dem Bauch oben. Die Verwesungsgase sammeln sich im Bauch und lassen den Fisch im Wasser umkippen. Doch der Kongo-Wels dreht sich freiwillig um und schwimmt die längste Zeit seines Lebens auf dem Rücken. Dieser kaum fingerlange Süßwasserfisch frisst Algen ab, die an der Unterseite der Blätter von Wasserpflanzen wachsen. Sein bizarres Aussehen macht den kleinen Rückenschwimmer zu einem beliebten Aquariumfisch.

Warum haben Fische eine schleimige Haut?

Fische können sich nicht kratzen, und ihr Lebensraum bietet wenige feste Gegenstände, wo sie sich scheuern könnten. Eigentlich wäre die Fischhaut also ideal für alle Arten von Hautparasiten, wenn Fische nicht diese Schleimschicht hätten, die ihre Schuppenhaut bedeckt. Tatsächlich sind Fische immer mit einem hauchdünnen Schleimfilm überzogen. So können sich Parasiten nur sehr schwer auf dem Fisch ansiedeln.
Nur Haie haben keine typische Fischhaut. Die Haihaut fühlt sich (außerhalb des Wassers) trocken und rau an. Und tatsächlich haben Haie größere Probleme mit Parasiten als andere Fische. Sie suchen sich häufig Gegenstände, an denen sie sich scheuern können. Offensichtlich juckt es sie oft. Das ist auch der Grund, warum Haie sich bisweilen am Rumpf von Booten reiben. Andere Fische tun das nicht. Das Scheuern würde den empfindlichen Schleimfilm abreiben.

Warum haben Fische senkrechte und Wale waagerechte Schwanzflossen?

Fische müssen nicht auftauchen, um Luft zu holen. Die meiste Zeit bleiben sie in einer Wassertiefe. Wenn sie Kurven schwimmen, dann meistens nach links und rechts und nicht nach oben oder unten. Deshalb ist es für sie günstiger, senkrechte Flossen zu haben. Damit können sie die

Schwimmrichtung blitzschnell ändern. Anders liegt der Fall bei Meeressäugern. Wale und Delfine müssen alle paar Minuten auftauchen und anschließend natürlich wieder abtauchen. Für Richtungsänderungen nach oben und unten sind waagerechte Flossen günstiger. Auch andere luftatmende Säugetiere wie die Robben haben quergestellte Hinterflossen. Beim Schwimmen schlagen sie ihre Flossen auf und ab. Fische bewegen sie hin und her.

Welche Fische können Luft atmen?

Fische nehmen den im Wasser enthaltenen Sauerstoff durch ihre Kiemen auf. Einige wenige urtümliche Fischarten jedoch, die Lungenfische, haben außerdem auch noch richtige Lungen, mit denen sie Luft atmen können. Die Lungen sind Ausstülpungen der Speiseröhre. Unter Wasser atmen sie wie Fische durch die Kiemen, an der Luft wie Säugetiere oder Kriechtiere mit den Lungen. Diese Fische leben gewöhnlich in Sümpfen heißer Länder, wo das Wasser wenig Sauerstoff enthält und die in der Trockenzeit häufig austrocknen. Andere Arten von Fischen haben weitaus merkwürdigere Methoden entwickelt, um Luft zu bekommen. Der Schlammfisch zum Beispiel hat seine Fischblase und der Küstenschwielwels seinen Darm zu einem lungenartigen Organ umgebaut.

Wie überlebt der Lungenfisch, wenn sein Sumpf austrocknet?

Der über ein Meter lange südamerikanische Lungenfisch, der einer Schlange ähnlicher sieht als einem Fisch, lebt in Sümpfen und am Ufer seichter Flüsse. Sein Lebensraum kann sich in Trockenzeiten in eine – an der Oberfläche – staubtrockene Wüste verwandeln. Der Lungenfisch überlebt diese harten Zeiten, während andere Fische zugrunde gehen. Noch während sein Heimatsumpf auszutrocknen beginnt, gräbt sich der Fisch eine Höhle im feuchten Schlamm und ringelt sich darin ein. Dabei schaltet er von Kiemenatmung auf Luftatmung um. Wird die Gegend noch trockener, verschließt er die Öffnung der Höhle mit Schlamm. Dann sondert er an den Schuppen eine besondere Art von Schleim ab. Sie umgibt ihn wie eine wasserdichte Folie. Nur der Kopf bleibt zum Atmen frei. So kann der Fisch nicht austrocknen, während oberhalb alles zu Staub zerfällt. Sobald es zu regnen beginnt und sich der Staub wieder in Schlamm und dann in Sumpf verwandelt, ringelt sich der Lungenfisch wieder aus seiner Höhle, schwimmt ins freie Wasser und atmet durch seine Kiemen.

Welche Tiere halten einen Sommerschlaf?

Während der Lungenfisch in seiner Höhle auf das Ende der Trockenzeit wartet, wird sein Puls immer langsamer. Auch die Atmung wird immer flacher. Der Fisch rührt sich wochenlang nicht und verbraucht kaum Energie. Diesen Zustand nennt man Sommerschlaf.

Wie kommt der Kiemensackwels an Land voran?

Auch der etwas mehr als handgroße Kiemensackwels gehört zur sonderbaren Gruppe von Fischen, die sich auch an der Luft wohl fühlen. Den Namen hat er von den sackartigen Gebilden, die an den Kiemen nach außen wachsen. In diesem Kiemensack, einer sozusagen nach außen gestülpten Lunge, liegen verzweigte Kammern und Röhren, die mit feinen Blutgefäßen ausgestattet sind. Hier wird, wie in den innen liegenden Lungen der Säugetiere, der Sauerstoff der Luft aufgenommen. Der in tropischen Ländern beheimatete Kiemensackwels ist allerdings nicht nur Luftatmer, sondern auch eine Art Kriechfisch. Oft wandert er von Tümpel zu Tümpel über Land, um feuchtere Wasserstellen zu erreichen. Er schlängelt sich dabei wie eine Schlange und setzt seine Brustflossen als Stummelbeine ein. Gegen die pralle Sonne hilft eine dicke Schleimschicht, mit der seine Haut bedeckt ist. Schuppen hat er dafür keine.

Wenn es allerdings gar zu trocken wird und auch in den Nachbartümpeln kein Wasser zu finden ist, gräbt sich dieser merkwürdige Fisch – ähnlich wie der Lungenfisch – im Schlamm ein und schläft, bis wieder Regen fällt.

Wie schnappt der Küstenschwielwels Luft?

Wie viele andere Mitglieder der Welsverwandtschaft lebt auch der bleistiftgroße Küstenschwielwels auf dem Grund von sumpfigen Tümpeln. Hier ist das Wasser meistens abgestanden und arm an Sauerstoff. Diesem kleinen Wels macht das nichts aus. Er taucht einfach auf und schnappt Luft – allerdings nicht mit dem Kopf, sondern mit dem Hinterteil. Er kann nämlich mit seinem After Luft schöpfen. Das Endstück des Darms ist mit feinsten Blutgefäßen durchzogen, und hier kann der Fisch Sauerstoff aus der Luft aufnehmen. Mithilfe seiner „Darmlunge“ kann sich der kleine Fisch sogar einige Minuten an Land aufhalten, ohne zu ersticken. Vermutlich krabbelt er auch kurze Strecken über Land und besiedelt dabei die Tümpel in seiner Umgebung.

Welcher winzige Wels saugt Blut?

Von den etwa 2000 Arten der Welse suchen sich die meisten ihre Nahrung – Kleintiere und Pflanzen – auf dem Grund. Eine Welsfamilie jedoch schlägt völlig aus der Art.

Die im Amazonas lebenden Schmarotzerwelse ernähren sich vom Blut anderer Fische. Die kleinen, etwa daumennagelgroßen Blutsauger kommen an ihr Futter, indem sie sich durch die Haut ihrer Opfer beißen. Ist ihr Opfer groß genug, schwimmen die Fischchen einfach in die Kiemen ihrer „Beutetiere", haken sich dort fest und saugen Blut. Kiemen sind immer stark durchblutet, weil hier das Blut den im Wasser enthaltenen Sauerstoff aufnehmen muss. Der Schmarotzerwels lebt in den Kiemen wie im Schlaraffenland, und sein Opfer hat keine Möglichkeiten, den Eindringling zu entfernen.

Welcher Blut saugende Fisch ist auch für Menschen gefährlich?

Einer dieser Blut saugenden Schmarotzerwelse ist der zwei Zentimeter lange und nur zwei Millimeter dicke Candirú. Der Winzling kann auch einem Schwimmer gefährlich werden – allerdings nur dann, wenn der Mensch beim Baden im Amazonas ins Wasser pinkelt. Dann kann man das Opfer einer peinlichen Verwechslung werden. Der kleine Fisch hält dann den Urinstrom für den Wasserstrom, der aus den Kiemen eines Fisches dringt, und er versucht, gegen den Strom in die Harnröhre einzudringen. Gelingt ihm das, setzt er sich mit seinen Widerhaken in der Harnröhre fest. Es ist schwierig und schmerzhaft, den Fisch wieder zu entfernen.

Wie finden sich beim Grenadierfisch Männchen und Weibchen?

Der etwa ein Meter lange Grenadierfisch lebt in der Tiefsee und kann ebenso wie der Meerwels merkwürdige und erstaunlich laute Töne erzeugen. Auch er bringt seine Fischblase mit Zittermuskeln zum Schwingen. Diese Töne sind Lockrufe, mit denen sich Männchen und Weibchen in den finsteren Tiefen finden. Bei anderen Fischarten wie bei der Verwandtschaft der Schleimkopffische, die ebenfalls Töne von sich geben, dienen die Laute zur Abgrenzung des Reviers. Schleimfische „singen“ also aus denselben Gründen wie unsere Singvögel oder wie die Brüllaffen.

Wie klingt der Singende Fisch?

Der auf dem Grund von Küstengewässern im Atlantik lebende Bootsmannfisch ist auch als Singender Fisch bekannt. Kein anderer Fisch kann eine solche Fülle von grunzenden, knurrenden und pfeifenden Geräuschen in den verschiedensten Tonlagen hervorbringen. Ein richtiger Gesang, wie wir ihn von Vögeln oder Walen kennen, ist das allerdings nicht. Es gibt offensichtlich keine festgelegten Tonfolgen, die an eine Melodie erinnern könnten.

Welcher Fisch knirscht mit den Zähnen?

Die meisten Fische, die Laute erzeugen, bringen ihre Fischblase zum Vibrieren. Anders macht es ein tropischer Meeresfisch namens Haemulon album. Dieser etwa halbmeterlange Raubfisch knirscht gern mit seinen Zähnen, und zwar unheimlich laut. Die Lautstärke kommt zustande, weil die Töne zur Schwimmblase geleitet werden, die wie der Resonanzkasten einer Gitarre funktioniert und das Knirschen verstärkt.

Woher haben Schnapper ihr Gift?

Die Schnapper bilden eine mit 230 Arten sehr zahlreiche Fischfamilie. Die meisten Schnapper haben erstaunlich große Zähne, die allerdings nicht den Gebissen von Räubern ähnlich sind, sondern eher den Nagezähnen von Kaninchen. Trotzdem sind Schnapper geschickte Jäger, die ihre Beute im Flachwasser tropischer Meere finden. Hier leben viele Pflanzen fressende Fische, die hauptsächlich Algen verspeisen. Manche dieser Algen sind giftig – allerdings nicht für den Pflanzenfresser selbst, sondern für den Räuber, der den Pflanzen fressenden Fisch frisst. Zum Beispiel für den Schnapper. Er erkrankt am Algengift, und wenn er nun selbst gefangen und von einem Menschen verspeist wird, gelangt das Gift in den menschlichen Körper und kann eine ernsthafte, oft auch tödliche Fischvergiftung auslösen.

Warum ist der Steinfisch so gefährlich?

Steinfische sind bizarre Gestalten, die in Form und Farbe einem 30 Zentimeter großen Felsbrocken ähneln. So harmlos der Steinfisch aussieht, so gefährlich ist er – sogar für Menschen. Dieser Fisch hat nämlich kurze Giftnadeln, die aus den Rückenflossen ragen. Wer das Pech hat, mit bloßen Füßen auf einen Steinfisch zu treten, muss mit dem Schlimmsten rechnen. Das Gift ist das tödlichste aller von Fischen produzierten Gifte. Steinfische sind auch deshalb so gefährlich, weil sie wie Steine auf dem Meeresgrund liegen und von echten Steinen kaum zu unterscheiden sind. Sie leben im Flachwasser und an Korallenriffen in tropischen Meeren.

Welcher Fisch tastet mit den Flossen?

Der halbmetergroße Knurrhahn hat seinen Namen zum einen von den Rückenflossen, die ein wenig an den Kamm eines Hahns erinnern, und natürlich vom lauten Knurren, das dieser Fisch bei der Paarung ausstößt. Knurrhähne sind Bodenbewohner. Während sie knapp über den Meeresgrund schwimmen, suchen sie die Oberfläche nach Futter ab – und zwar merkwürdigerweise mit den Brustflossen.

Aus den untersten drei Strahlen haben sich nämlich regelrechte Fühler entwickelt, die wie lange, dünne Finger alles abtasten, was mit ihnen in Berührung kommt.

Was macht der Seifenfisch bei Gefahr?

Seifenfische sind kleine tropische Meeresfische, die sich gegen Angreifer auf eine sehr merkwürdige Art und Weise schützen. Bei Gefahr seifen sie sich ein. Ihre Haut sondert einen Schleim ab, der bei Kontakt mit Wasser seifenartig aufschäumt. Dieser seifige Schleim schmeckt nicht nur scheußlich, sondern ist auch giftig. Raubfische wissen das und halten sich vom Seifenfisch fern.

Welcher Fisch frisst seine Artgenossen?

Fast alle Raubfische – und überhaupt fast alle Raubtiere – machen Jagd nur auf andere Tierarten und halten sich bei Angehörigen der eigenen Art vornehm zurück. Nicht so der Blaubarsch. Dieser kräftige, meterlange Räuber gilt als besonders raubgieriger Fisch. Nicht nur tötet er mehr Tiere, als er fressen kann. Er scheut auch nicht davor zurück, kleinere Blaubarsche mit seinen Furcht erregenden Zähnen zu fangen und zu fressen. Trotzdem sind Blaubarsche auch zu gemeinsamen Aktionen fähig. Oft verfolgen sie in Schwärmen andere Fischschwärme, ohne dabei den Artgenossen etwas anzutun.

Wozu brauchen Fische Barteln?

Barteln nennt man die fadenförmigen Auswüchse am Maul von Fischen. Es handelt sich dabei, ähnlich wie bei den Schnurrbarthaaren der Katze, um Tastorgane. Die Barteln reagieren empfindlich, wenn der Fisch mit ihnen irgendwo anstößt. Mit ihrer Hilfe kann er den Grund auch in tiefster Finsternis oder im schlammigen Wasser abtasten. Barteln sind deshalb weit verbreitet bei Fischen, die ihre Nahrung auf dem Grund von Meeren, Flüssen und Seen suchen. Dazu gehören vor allem die Fische aus der Ordnung der Welse, von denen die meisten echte Schlammwühler sind. Die dichten Büschel von Barteln liefern den Fischen erstens ein Abbild der Dinge, die auf dem Grund zu finden sind so ähnlich, wie wir in der Finsternis mit den Händen bestimmte Gegenstände ertasten und sagen können, worum es sich handelt. Zweitens aber sitzen auf den Barteln auch Geschmacksorgane. Der Wels kann mit den Barteln schmecken, ob das Ding, das seine Fühler gerade berührt, ein

Stein oder eine Schnecke ist. Im Gegensatz zu den meisten anderen Fischen können Welse deshalb auch in der Nacht auf Nahrungssuche gehen.

Welchen Fisch kann man gut dressieren?

Die Nilhechte bilden eine Ordnung von Fischen mit 101 Arten, die alle im Süßwasser leben. Nilhechte haben zwei Besonderheiten. Erstens haben die meisten Arten an der Schwanzflosse ein spezielles Organ, das ein elektromagnetisches Feld rund um den Fisch aufbaut. Sobald ein anderes Tier in die Nähe des Nilhechtes kommt oder sobald er sich einem Hindernis nähert, wird dieses elektrische Feld gestört. Auf diese Weise können sich Nilhechte auch bei Nacht und in aufgewühltem Wasser gut orientieren und Beutefische aufspüren. Zweitens sind Nilhechte die vermutlich klügsten Fische. Ihr Gehirn ist im Verhältnis zum Körpergewicht ebenso schwer wie das Gehirn eines Menschen. Tatsächlich lässt sich kein anderer Fisch so gut dressieren wie der Nilhecht. Man kann ihn sogar dazu bringen, über ein Stöckchen zu springen, das man über das Wasser hält.

Wie kommt der Aal in den Fluss?

Die Aale sind eine sehr artenreiche Ordnung der Fische. Es gibt über 600 Arten in praktisch allen Gewässern der Erde.

Der einzige Aal, der bei uns in Flüssen vorkommt, ist der europäische Flussaal. Doch auch er beendet sein Leben im Meer. Sobald der schlangenförmige Fisch erwachsen und damit geschlechtsreif ist, wandert er von den Flüssen in das Meer hinaus. Dort laichen die Aale, um anschließend zu sterben. Die Jungaale treiben etwa drei Jahre lang als Larven im Meer und werden dann durch die Meeresströmungen zurück an die Küsten getragen. Nun schwimmen die jungen Aale die Flüsse hoch. Sie jagen Insekten, Krebse und Fische, und sie fressen auch Aas – so lange, bis sie erwachsen sind. Dann geht es wieder hinaus in das Meer: zum Laichen und zum Sterben.

Welcher Aal ist für Menschen am gefährlichsten?

Die Mittelmeermuräne ist ein für Taucher recht gefährlicher Fisch. Dieser Verwandte des Aals versteckt sich nämlich in Felsspalten im Wasser. Nur der Kopf schaut aus der Höhle. Sobald sich ein Fisch oder Tintenfisch nähert, schießt die Muräne hervor und packt ihn mit den scharfen Zähnen. Taucher übersehen die gut versteckte und außerdem durch ihre fleckige Zeichnung bestens getarnte Muräne leicht. Wenn sie sich gestört fühlt, zieht sie sich nicht weiter in ihre Höhle zurück, sondern greift an. Eine Muräne kann dem Taucher arge Bisswunden zufügen.

Welche Fischeier werden von der Sonne ausgebrütet?

Fischeier sind immer in Gefahr, von anderen Fischen oder anderen im Wasser lebenden Räubern gefressen zu werden. Nur beim Chile-Hechtling liegt der Fall anders. Diese kleinen, höchstens 20 Zentimeter großen Raubfische leben in den Flüssen von Neuseeland, Südamerika und Australien. Sie nützen Flut und Ebbe und vor allem die Mondphasen, um ihre Eier ins Trockene zu bringen. Wenn bei Neumond die Flut am Meer besonders hoch ist, wandern die Fische zu den Flussmündungen und legen ihren Laich möglichst nahe am Ufer ab. Später zieht sich das Wasser zurück. Die Fischeier liegen nun am Ufer im Trockenen, gewärmt von der Sonne und gut geschützt von dichten Pflanzen. Wenn etwa zwei Wochen später die Flut wieder besonders hoch steigt, nimmt das Hochwasser die Fischeier mit, schwemmt sie ins Meer, und die winzigen Hechtlinge schlüpfen als Larven aus. Später ziehen die Fische die Flüsse hoch. Erstaunlich daran ist, wie gut sich die Chile-Hechtlinge dem Rhythmus von Flut und Ebbe, Vollmond und Neumond angepasst haben. Sie sind genau dann geschlechtsreif, wenn das Wasser am höchsten steht und die Eier die besten Chancen haben, auf der Böschung liegen zu bleiben.

Wie viel verschiedene Karpfen gibt es?

Die Ordnung der Karpfenfische ist eine mit etwa 3 000 Arten sehr große und vielgestaltige Gruppe von Fischen. Zu der Sippschaft der Karpfen gehören nicht nur unsere Spiegel- oder Lederkarpfen, sondern auch der kleine und raubgierige südamerikanische Piranha mit seinem Furcht errregenden Gebiss und der Zitteraal, der seine Beute mit Stromstößen lähmt. Unsere Karpfen, zum Beispiel Spiegelkarpfen und Lederkarpfen, sind dagegen wirklich harmlose Gesellen. Sie leben in Teichen, Flüssen und Seen und fühlen sich am wohlsten in Gewässern, wo das Wasser wenig Sauerstoff enthält und deshalb wenig andere Fischarten überleben können. Hier können sie ungestört Schnecken, Krebse und Pflanzen fressen. Auch zur Aufzucht der Jungen braucht der Karpfen Pflanzen. Er legt die Eier im flachen Wasser ab, wo sie an Pflanzen kleben bleiben und nicht ins tiefe Wasser gespült werden, wo die Feinde lauern.

Welcher Fisch hält Kanäle sauber?

Eigentlich ist der Graskarpfen oder Weiße Amur ein in China beheimateter Fisch. Neuerdings wird dieser Riesenkarpfen, der über einen Meter lang wird, auch in europäischen Flüssen und vor allem in Kanälen ausgesetzt. Graskarpfen sind nämlich Pflanzenfresser, die unerbittlich dafür sorgen, dass Abflussrohre und Kanäle nicht zuwuchern.

Warum hat der Blindfisch keine Augen?

Blindfische wie die Mammuthöhlen-Blindfische leben in wassergefüllten Kalksteinhöhlen in den USA. In diese Höhlen dringt kein Lichtstrahl; also sind Augen für den Blindfisch ebenso nutzlos wie beispielsweise für den Maulwurf. Bei diesen überaus seltenen Blindfischen sind die Augen mit einer undurchsichtigen Haut bedeckt. Stattdessen orientiert er sich in der ewigen Dunkelheit seiner Heimat mithilfe von empfindlichen Knospen, die den Körper bedecken. Diese Sinnesorgane reagieren äußerst sensibel auf Druckschwankungen im Wasser. Der Blindfisch spürt auf diese Weise andere Lebewesen oder auch Hindernisse im Wasser auf, ohne sie sehen oder betasten zu müssen: Wenn sich ein anderes Wesen in der Nähe bewegt, nimmt der Blindfisch die Druckwellen wahr, die von diesem Tier ausgehen. Und wenn er selbst schwimmt, werfen Hindernisse wie Wände oder Felsvorsprünge im Labyrinth der Wasserhöhlen die Druckwellen zurück, die er beim Schwimmen erzeugt.

Warum ist der Sargassofisch so schwer zu entdecken?

Der Sargassofisch ist ein schönes Beispiel dafür, wie sich Tiere ihrer Umgebung anpassen können. Der handgroße, kugelige Fisch ist über und über mit Beulen und merkwürdigen Auswüchsen bedeckt, die ihn wie eine Wasserpflanze aussehen lassen. Die Wedeln an der Schnauze sind ein perfektes Abbild des Sargassumtangs. Und die weißen Flecken auf seinem Körper sehen aus wie die Kalkpanzer kleiner Tiere, die sich gewöhnlich an den Wasserpflanzen festsetzen. Tatsächlich lebt der Sargassofisch in den riesigen Tangfeldern der tropischen Meere. Auf den ersten und auch auf den zweiten Blick ist er von den Pflanzen seiner Umgebung nicht zu unterscheiden. Er kann sogar seine Farbe verändern und sich der jeweiligen Tangart anpassen. Dazu kommt, dass der Fisch im Tang nicht herumschwimmt, sondern eigentlich auf den Pflanzen herumklettert. Tatsächlich sind seine Flossen weniger zum Schwimmen geeignet als dazu, sich an Stängeln festzuhalten. Wenn ihn trotz dieser perfekten Tarnung ein Räuber aufspürt, pumpt sich der Fisch voll Wasser und bläht sich wie ein Ballon auf. Nun ist er so groß, dass ihn die meisten anderen in den Tangfeldern lebenden Feinde nicht verschlingen können. Er selbst frisst Kleintiere, die sich ihm vertrauensselig nähern, weil sie den Fisch für einen Teil der Pflanze halten.

Wie schwimmt die Seefledermaus?

Seefledermäuse, von denen es fünf Arten gibt, erinnern durch ihre Größe, ihre Körperform und durch ihre Farbe tatsächlich an fliegende Fledermäuse. Die flachen Fische haben flügelartige Gliedmaßen, auf denen Stummelflossen sitzen. Schwimmen können diese Bodenbewohner allerdings kaum. Mit ihren Brust- und Bauchflossen krabbeln sie ungeschickt über den Meeresboden und suchen ihn nach Beutetieren (Schnecken und Würmer) ab. Dabei stützen sie sich mit ihrem Schwanz ab.

Wie viel Augen hat das Vierauge?

Vieraugen haben in Wirklichkeit nur zwei Augen wie alle anderen Fische auch. Allerdings stehen die Augen des Vierauges weit aus dem Kopf vor und sind in eine obere und eine untere Hälfte unterteilt. Das sieht aus, als sei auf einen Augapfel noch ein zweiter obenauf gepackt worden. Normalerweise schwimmt dieser 30 Zentimeter lange südamerikanische Fisch an der Wasseroberfläche, und zwar gerade so tief, dass das Augenoberteil aus dem Wasser guckt, während das Unterteil unter Wasser bleibt. So kann das Vierauge gleichzeitig – mit seinen oberen Augenteilen –

nach Insekten Ausschau halten, die über der Wasseroberfläche tanzen, und – mit seinen unteren Augenhälften – im Wasser nach Beutetieren spähen.

Wie fängt der Heringskönig seine Beute?

Der halbmeterlange Heringskönig ist ein schwerfälliger, langsamer Schwimmer – und trotzdem ein erfolgreicher Jäger, der nicht nur Krebse, sondern auch flinke kleine Fische fängt. Von der Seite gesehen wirkt der Heringskönig fast kugelförmig; in Wirklichkeit jedoch ist er schmal und scheibenförmig. Das hilft ihm auf der Jagd. Er nähert sich seinen Opfern nämlich von vorne. Langsam und scheinbar harmlos schwimmt er direkt auf das Beutetier zu. Wegen seiner flachen Bauart ist er von vorne nur als Strich im Wasser zu erkennen. Hat er sich nahe genug herangemacht, reißt der Heringskönig plötzlich sein Maul auf, und der Sog zieht das Opfer mit in den Schlund.

Warum leuchtet in Vollmondnächten das Meer manchmal grün?

Panzergeißler sind winzige einzellige Lebewesen, die zu Milliarden im Süßwasser und im Meer vorkommen. Nachts schweben sie in der Nähe der Meeresoberfläche. Mit ihren Tentakeln, den so genannten Geißeln, strampeln sie tüchtig. Dabei reichert sich das Wasser mit Sauerstoff an. Wenn der Vollmond dann auf das Wasser scheint, leuchtet das Meer geheimnisvoll grün.

Welchem Wurm schwimmt der Schwanz davon?

Der Samoa-Palolo-Wurm hat eine fast unglaubliche Methode zur Fortpflanzung entwickelt. Dieser fast einen halben Meter lange Wasserwurm lebt in der Südsee. Jeder Wurm ist zugleich Männchen und Weibchen. Im Hinterleib entstehen sowohl Eier als auch Samen. Zur Paarungszeit im Spätherbst wirft er seinen Hinterleib ab. Der Schwanz schwimmt selbstständig davon, und zwar in ein Gebiet in der Nähe der Insel Samoa. Hier sammeln sich Millionen von Wurmschwänzen und entleeren ihre Vorratsbehälter. Die Samen treffen auf die Eier, befruchten sie, und es entstehen neue Generationen von Samoa-Paolo-Würmern. Die

entleerten und jetzt nutzlosen Wurmschwänze werden von Fischen gefressen.
Auch den Einwohnern von Samoa und anderer Südseeinseln schmecken die Wurmschwänze. Sie werden wie Fische in Netzen gefangen.

Kann man einen Wurm dressieren?

Würmer haben kein Hirn und ein sehr einfaches Nervensystem. Trotzdem kann man sie dressieren. Regenwürmer beispielsweise können einen hell markierten Gang von einem schwarz markierten unterscheiden. Bei einem Experiment wurde ihnen beim Versuch, in den weißen Gang zu kriechen, ein leichter Stromschlag versetzt. Mit der Zeit lernten die Würmer, den weißen Gang zu meiden und nur noch durch den schwarzen Gang zu kriechen.

Welches Tier besteht aus verschiedenen Lebewesen?

Staatsquallen sind Gebilde aus Meerestieren verschiedener Arten, die miteinander wie ein Lebewesen leben. Die verschiedenen Tiere, die zusammen die Qualle bilden, erfüllen auch verschiedene Aufgaben. Eine Staatsqualle besteht einerseits aus verschiedenen Medusen, den eigentlichen Quallen. Sie regeln den Auftrieb, und als Schwimmglocken dienen sie der Fortbewegung. Geschlechtstiere sorgen für die Fortpflanzung. Mit den Quallen sind auch verschiedene Polypen verbunden, die normalerweise an Felsen im Meer festsitzen. In diesem Fall sind sie mit der Staatsqualle verwachsen. Sie tasten mit ihren langen Fangarmen die Umgebung ab, packen Beutetierchen und führen sie den Nährpolypen zu. Diese Tiere sind für die Verdauung zuständig. Sie ernähren den ganzen „Quallenstaat".

Wie kommen die Segelquallen voran?

Segelquallen segeln tatsächlich wie Segelschiffchen über das Meer. Diese Staatsqualle besteht aus knorpeligen Scheiben, aus denen ein Kamm herauswächst. Der Kamm wächst aus dem Wasser, und der Wind treibt die Segelquallen voran.

Jagen Nesselquallen mit Gift?

Nesselquallen sind Hohltiere, die im Meer treiben. Kommen sie mit anderen Lebewesen in Berührung, lösen sich sofort Kapseln, die an der Außenhaut der Qualle sitzen. Sie springen bei Berührung ab, und die innen liegenden feinen Schläuche schnellen hervor und dringen in die Haut des Fremdlings ein. Sofort tritt ein Gift aus, das das Beutetier lähmen soll.

Das Nesselgift der Quallen ruft beim Menschen Ausschlag, manchmal sogar unangenehme bis gefährliche Verbrennungen hervor.

Welches Tier verbrennt seine Opfer?

Das stärkste Gift aller Quallen hat die Würfelqualle. Im Gegensatz zu anderen Quallen hat sie einen würfelförmigen Schirm. Ihr Nesselgift verätzt die Haut von Menschen und Säugetieren so stark, dass die Wunden wie schwere Brandwunden aussehen.

Welches Tier sieht aus wie eine Muschelbank?

Edelsteinrosen sind Hohltiere, die im Mittelmeer und im Atlantik vorkommen. Sie setzen sich gern am Rumpf von Schiffen fest. Mit den unzähligen Saugnäpfen an seiner Außenhaut hält dieses Tier Muscheln und kleine Steine fest. Damit ist es perfekt getarnt und sieht aus wie eine kleine Muschelbank.

Was frisst ein Badeschwamm?

Heute werden Schwämme meistens aus Kunststoff hergestellt. Der echte Badeschwamm ist ein Tier, das tatsächlich so heißt: Badeschwamm. Es wird von Schwammtauchern auf dem Meeresgrund gepflückt. Solange er lebt, sieht der Badeschwamm aus wie ein glitschiges Stück roher Leber. Wie andere Schwämme auch, ernährt er sich von winzigen Lebewesen, die im Wasser treiben. Im Schwamm sind Millionen von winzigen Tentakeln, die höchstens ein zehntel

Millimeter lang werden. Diese Wimpern sind ständig in Bewegung. Sie spülen Wasser durch den porösen Schwammkörper, und alles, was an Kleinstlebewesen im Schwamm hängen bleibt, wird verdaut.

Welche Formen haben Stachelhäuter?

Stachelhäuter sind Meeresbewohner mit einem Kalkskelett an der Unterseite. Sie kommen in vielen verschiedenen Formen vor: als Seesterne, als Schlangensterne, als Seeigel, Seelilien und Seewalzen. Dieser merkwürdige Tierstamm hat 6 000 Arten – viel mehr als die Säugetiere. Von ihnen haben nur die Seeigel echte Stacheln. Andere Stachelhäuter haben nur an bestimmten Stellen Stacheln oder gar keine.

Was fressen Seeigel?

Seeigel sind Bewohner des Meeresgrundes. Mit richtigen Igeln haben sie nichts zu tun. Seeigel gehören zur Tiergruppe der Stachelhäuter. Sie werden höchstens fünf Zentimeter groß. Ihre Stacheln sind meist kurz und werden nur bei einigen Arten bis zu dreißig Zentimeter lang. Seeigel sind ihr Leben lang auf Wanderschaft. Sie kriechen über den Meeresgrund und fressen dabei vor allem Algen.

Aus wie vielen Ziegeln besteht das Haus eines Seeigels?

Auf ihren Wanderungen schleppen Seeigel ein Gehäuse aus kalkartigen Bausteinen mit, das mit den Tieren mitwächst und zwischen den Stacheln kaum zu sehen ist. Was eigentlich schade ist, denn so ein Seeigelhaus ist ein wahres Meisterwerk. Es besteht aus versteinerten Körpersäften, die der Seeigel allein zu diesem Zweck produziert. Schon als erbsengroßer Winzling fängt der Seeigel mit dem Bau an. Wenn er erwachsen ist, besteht sein Haus, eine Art Iglu, aus etwa sechshundert Ziegeln, die haarscharf aufeinander passen. Innendrin lebt der Seeigel.

Wie gehen Seesterne auf Muscheljagd?

Trotz ihres harmlosen Aussehens und obwohl sie weder Kiefer noch Zähne haben, sind die Seesterne unbarmherzige Räuber. Mit den winzigen Saugfüßchen an der Unterseite der fünf dicken Arme kriechen sie über den Meeresgrund. Stoßen sie auf eine Muschel, ist sie unrettbar verloren. Seesterne haben eine langwierige, jedoch fast unfehlbare Jagdmethode.

Sie klettern auf die Muschel und versuchen mit den Saugnäpfen, die Muschelschalen auseinander zu ziehen. Dies gelingt erst nach einiger Zeit. Denn Muscheln und Austern haben einen starken Schließmuskel. Sie können die Schalen allerdings nicht lange zugeklappt halten, denn sie brauchen den im Wasser enthaltenen Sauerstoff, um zu atmen. Irgendwann muss die Muschel einen Spalt aufmachen, um Atemwasser zu schöpfen. Nun hat der Seestern sozusagen seinen Fuß in der Tür – genauer: seinen Magen. Die Saugnäpfe ziehen die Muschelschalen immer weiter auseinander, und der Seestern setzt seine Mundöffnung an. Durch den Mund stülpt er seinen Magen in das Muschelinnere. Die Magensäfte beginnen, den Muschelkörper bei lebendigem Leib zu zersetzen. Die Muschel stirbt, und der Seestern nimmt die Muschelbrühe durch die Magenwände auf.

Warum leuchtet der Schlangenstern?

Schlangensterne sind Stachelhäuter, die mit den Seesternen und Seeigeln verwandt sind. Sie haben dünnere Arme als die Seesterne und leben wie diese auf dem Meeresgrund. Einige von ihnen erzeugen ein grünliches Licht, das in klarem Wasser bis zu hundert Meter weit schimmert. Mit ihrem Schein schrecken sie Feinde ab und locken kleine Beutetiere an. Ihren Namen haben Schlangensterne von ihrer Sternform.

Welche Tiere verbringen ihre Kindheit auf einem Stiel?

Der nordatlantische Haarstern, ein Verwandter der Seesterne, verbringt seine Kinderzeit festgewachsen auf einem

Stiel am Meeresgrund. Als Neugeborenes schwimmt dieses merkwürdige Tier zuerst frei im Meer herum. Später wächst ihm ein Stiel, den es im Meeresgrund verankert. Das Haarsternjunge wächst und wächst; dabei ernährt es sich von dem im Wasser treibenden Plankton. Diese Zeit seines Lebens nennt man das Seelilien-Stadium. Sobald der Haarstern erwachsen ist, löst er sich von seinem Stiel und schwimmt wieder frei durchs Meer.

Welches Tier zieht bei Gefahr den Mantel aus?

Manteltiere sind primitive Wassertiere. Sie sind mit den Wirbeltieren verwandt. Statt richtiger Knochen haben sie aber nur einen Stab aus Kalk im Leib, um den sich das walzenförmige Manteltier wickelt. Ihren Namen haben Manteltiere von der zähen Schicht, die den Körper umgibt. Manche Manteltiere können diesen Mantel bei Gefahr tatsächlich ausziehen. Die Geschwänzten Schwimm-Manteltiere haben im Mantel ein Fluchtloch. Wenn sie angegriffen werden, schlüpfen sie durch dieses Loch aus ihrem Mantel und schwimmen davon. Etwa eine halbe Stunde lang sind sie ungeschützt, dann hat sich ein neuer Mantel gebildet, der wiederum eine Fluchtöffnung hat.

Warum leuchten Feuerwalzen?

Eigentlich sind Feuerwalzen durchsichtig oder zumindest durchscheinend. Ihre Leuchtkraft kommt durch Kolonien von Bakterien, die im Bereich des Schlundes siedeln. Die Leuchtbakterien scheinen durch den Körper der Feuerwalzen durch.

Welches Tier hat die meisten Herzen?

Die fingergroßen Lanzettfische sehen aus wie Fische, gehören aber zu den Manteltieren. Sie graben sich im Sand des Meeresgrundes ein und fächeln sich mit winzigen Wimpern kleine, im Wasser schwebende Tierchen in die Mundöffnung. Lanzettfischchen haben einen Blutkreislauf, der wie bei Wirbeltieren durch das Pumpen des Herzens in Bewegung gehalten wird. Allerdings haben diese schlauchartigen Tiere nicht ein einziges Herz wie die Fische, sondern an die tausend. Diese winzigen Herzchen sitzen an den Kiemen und pumpen das Blut durch die Adern.

Welche Muschel hat blaue Augen?

Die Pilgermuschel hat am Rand ihrer Schale blaue Augen sitzen. Damit kann die Muschel hell und dunkel unterscheiden und Bewegungen wahrnehmen. Die Augen haben sogar winzige Linsen (Durchmesser: ein Millimeter). Pilgermuscheln, auch Jakobsmuscheln genannt, waren das Kennzeichen mittelalterlicher Pilger. Die Wanderer trugen die Muschelschalen am Hutband. Wenn sie rasteten, schöpften sie damit Wasser aus Brunnen und Bächen.

Woraus besteht eine Muschel?

Muscheln gehören zu den Weichtieren und sind mit den Schnecken und Tintenfischen verwandt. Innen sind Muscheln tatsächlich weich, doch außen haben sie meistens eine harte Schale aus Kalk oder Horn. Damit schützen sich Muscheln vor dem Gefressenwerden und stützen ihren weichen Körper, der hauptsächlich aus Muskeln und Verdauungsorganen besteht.

Welche Muschel hat einen eingebauten Bohrer?

Die Schiffsbohrmuschel hat sich darauf spezialisiert, sich in Holz zu bohren und dabei das aufgebohrte Material zu fressen. Was bei anderen Muscheln die schützende Schale ist, dient der Schiffsbohrmuschel als harter, spitzer, mit Zähnchen besetzter Bohrer. Er sitzt vorne an der Muschel. Der wurmförmige Körper ragt ins Wasser. Die Muschel dreht und raspelt sich mit ihrem Bohrer langsam in abgestorbenes Holz, aber auch in den Rumpf von hölzernen Schiffen.

Welche Muschel braucht Fische zur Fortpflanzung?

Der Bitterling, ein kleiner Fisch, hilft der Malermuschel bei ihrer Fortpflanzung. Die fingerlangen Malermuscheln leben am Grund von Flüssen und Bächen. Normalerweise halten sie ihre Schalen fest geschlossen. Sobald sich jedoch in der Muschel Babymuscheln entwickelt haben, macht die Malermuschel auf. Nun nähert sich der neugierige Bitterling. Sobald er nahe genug ist, schnappt die Schale zu und klemmt das Fischchen fest. Dabei reißt ihm der Schalenrand kleine Wunden. An diesen wunden Stellen setzen sich die Muschelbabys fest. Die Muschel lässt den Fisch frei, der schwimmt davon und nimmt einige der winzigen Jungmuscheln mit. Die Wunde verheilt, und die Fischhaut wächst über den Muschelbabys zu, die sich nun vom Fischblut ernähren und immer größer werden. Nach fast zwei Monaten platzt die Fischhaut auf, und die kleinen, aber fast schon fertig entwickelten Muscheln fallen ab. Von nun an leben sie selbstständig.

Warum fällt der Bitterling auf den Muscheltrick herein?

Bitterlinge nähern sich trotz der bitteren und sicherlich auch schmerzhaften Erfahrungen mit Malermuscheln immer wieder einer offenen Muschel. Offenbar ziehen auch sie Vorteile daraus, sich von der Muschel packen zu lassen. Und tatsächlich: Während der Bitterling in der Muschelfalle sitzt, legt er seine Eier in die Muschel hinein. Und er lässt sie dort, wenn er mitsamt den Jungmuscheln fortschwimmt. Die Fischeier entwickeln sich während der nächsten sieben Wochen. Nach dem Schlüpfen fressen die Fischchen winzige im Wasser schwebende Tierchen, die von der Muschel in ihr Inneres gespült wurden. Nach etwa sieben Wochen sind die kleinen Bitterlinge groß genug, um ihre Kinderstube zu verlassen.

Welche Muschel baut sich ein Nest?

Feilenmuscheln bauen nicht nur Höhlen, sondern sogar Nester für ihre Jungen. Die Höhlen sind regelrechte Gebäude aus Steinen, die von den Muscheln auf dem Meeresgrund aufgestapelt werden. Die Muscheln kleben die Steine mit Fäden aus einer Art Klebstoff zusammen. Die etwa streichholzlange Feilenmuschel bezieht ihr Eigenheim, um vor Feinden besser geschützt zu sein.

Welche Schnecke baut sich eine Burg?

Die fingergroßen Napfschnecken leben auf dem Meeresboden, wo sie tagsüber auf ihrem Stammplatz ruhen. Dieser Stammplatz ist kein beliebiger Fleck, sondern eine Art Unterwasserburg, die sich die Schnecke gebaut hat. Baumaterialien sind eigene Körpersäfte, die sich im Wasser verfestigen.

Welche Schnecke kann am besten riechen?

Die daumengroße Netzreuse ist eine Fleisch fressende Wasserschnecke, die am liebsten Aas frisst. Verwesendes Fleisch kann sie unter Wasser auf eine Entfernung von vierzig Metern erschnuppern.

Wo sitzen die Meeresohren?

Meeresohren nennt man Meeresschnecken, die an von der Brandung umtosten Felsenküsten leben – und dort wirklich unglaublich fest sitzen. Der Fuß der Schnecke ist zu einem kräftigen Saugnapf umgebildet. Kein Mensch kann die höchstens handgroße Schnecke gegen ihren Willen vom Felsen losreißen, und Fische schaffen das ohnehin nicht. Von den Meeresohren gibt es über siebzig Arten, die in Küstenregionen weiter Teile der Erde, auch in Nordeuropa, siedeln.

Welche Schnecke kann Menschen töten?

Die Landkarten-Kegelschnecke ist nicht nur eines der giftigsten Lebewesen auf der Erde.

Sie arbeitet auch mit einem besonders heimtückischen Trick. Diese daumengroße Wasserschnecke gräbt sich nämlich auf dem Meeresgrund in den Sand ein. Kommt ein ahnungsloses Opfer in ihre Nähe, schnellt sie ihren scharfen Giftrüssel (der eher ein Giftstachel ist) aus dem Sand. Damit sticht sie das Beutetier, das sofort gelähmt ist. Auch für Menschen, die nicht sofort ärztlich versorgt werden, kann der Schneckenstich tödlich sein.

Wie klein und wie groß können Schnecken werden?

Die kleinste aller Schnecken ist nur einen Millimeter lang. Einer ihrer engeren Verwandten unter den Schnecken, der Ritterhelm, wird dagegen sehr groß, nämlich fünfundsechzig Zentimeter. Ritterhelme leben im Meer vor der australischen Küste. Insgesamt gibt es weltweit etwa 100 000 Schneckenarten in allen Größen. Längst nicht alle von ihnen haben ein Gehäuse. Die meisten nackten Schneckenarten leben im Meer.

Wie kommen Tintenfische voran?

Die Tintenfische haben eine einzigartige Methode der Fortbewegung entwickelt. Sie saugen ihren hohlen Rumpf voller Wasser und blähen ihn dabei auf. Dann zieht sich der Rumpf zusammen und stößt das Wasser durch einen Trichter wieder aus. Der Wasserstrahl treibt das Tier voran. Kopffüßer brauchen Wasser mit hohem Salzgehalt. Sie kommen in fast allen Weltmeeren vor, nicht aber in der Ostsee und im Schwarzen Meer. Das Wasser dieser Meere ist nicht salzig genug. Der Auftrieb in salzarmen Gewässern ist zu gering, und die Tintenfische müssten ständig Rückstoß erzeugen, um nicht abzusinken.

Wie sieht der Tiefsee-Vampir aus?

Der Tiefsee-Vampir, ein dreißig Zentimeter langer Kopffüßer, hat zwei blutrot leuchtende Augen. Seine Fangarme sind durch Schwimmhäute miteinander verbunden. Wenn der Tiefsee-Vampir sie ausbreitet, sieht er einer Fledermaus sehr ähnlich – sofern ihn überhaupt jemand sieht. Normalerweise bekommt man den Tiefsee-Vampir nämlich gar nicht zu Gesicht. Er lebt verborgen in den stockfinsteren Tiefen der Tiefsee. Menschen haben dieses bizarre Tier erstmals bei einer Expedition im Jahr 1899 entdeckt.

Wozu brauchen Tintenfische ihre Tinte?

Tintenfische können bei Gefahr eine dunkle Flüssigkeit ausstoßen, die sich wie eine schwarze Wolke um sie legt. Das verwirrt die Angreifer des Tintenfischs, sie können ihr

Opfer nicht mehr sehen, und der Tintenfisch nützt diesen Moment zur Flucht. Die Tinte toter Tintenfische kann man tatsächlich auch zum Schreiben und Malen verwenden. Dazu wird der eingetrocknete Tintenbeutel mit Laugen behandelt. Dadurch löst sich der braunschwarze Farbstoff, der als Tusche oder Wasserfarbe auf den Markt kommt. Man nennt diese Farbe Sepia, das ist die zoologische Bezeichnung für Gemeine Tintenfische.

Welches Tier malt sein Abbild ins Wasser?

Eine besonders raffinierte Art, Feinden zu entkommen, hat die Große Sepiette entwickelt. Dieser Tintenfisch, der nur daumengroß wird, ist ein begehrtes Beutetier für Raubfische, zum Beispiel für den Schellfisch oder den Kabeljau. Sobald Gefahr droht, stößt dieser kleine Tintenfisch Tinte aus. Durch ein raffiniertes Düsensystem gelingt es ihm, die Tintenwolke so zu formen, dass sie ziemlich genau die Form eines Tintenfisches annimmt und in dieser Gestalt auch ein paar Sekunden im Wasser zu sehen bleibt. Der Tintenfisch lässt bei seiner Flucht sozusagen eine Kopie seiner selbst zurück. Und auf diese Kopie stürzt sich der Raubfisch, während der echte Tintenfisch entkommen kann.

Wo leuchtet die Wunderlampe?

Wunderlampe nennt man handgroße Kopffüßer, die in der Tiefsee leben. In jedem seiner Fangarme sitzen zwei Leuchtorgane, nämlich Kolonien kleiner Leuchtbakterien. Sie schimmern durch die durchsichtige Haut des Tintenfisches hindurch und locken damit Beutetiere an.

Wie kann ein Kopffüßer fliegen?

Kopffüßer kommen voran, indem sie einen Rückstoß erzeugen. Das funktioniert im Wasser und bei einer einzigen Tintenfischart sogar in der Luft. Der fliegende Kalmar schafft es, sich auf diesem Wasserstrahl ein paar Zentimeter weit aus dem Wasser zu heben und bis zu zwanzig Meter weit zu fliegen. Dann ist der Wasservorrat verbraucht, und der ein Meter große Tintenfisch plumpst ins Wasser zurück. Natürlich fliegt er nicht wirklich, sondern er schwebt während seines Aufenthalts in der Luft auf seinem Wasserstrahl. So ähnlich wie ein Ball, der auf dem Strahl eines Springbrunnens tanzt.

Woher weiß man, wie groß der Riesenkalmar wird?

In der Antike, im Mittelalter und noch bis ins Zeitalter der modernen Biologie hinein erzählten Seeleute von ungeheuren Wesen, die angeblich in den Tiefen der Meere hausen. Die meisten Geschichten von gewaltigen Seeschlangen oder vielköpfigen Monstern sind Märchen. Doch ein wahrhaft monströses Wasserwesen gibt es tatsächlich. Der Riesenkalmar, ein gewaltiger Kopffüßer, wird tatsächlich ungeheuer groß: bis zu zehn Tonnen schwer, und mit ausgestreckten Fangarmen ist er an die dreißig Meter lang. Diese Riesenkrake lebt in der Tiefsee. Menschen bekommen sie nur selten zu Gesicht. Der größte vermessene Kalmar hatte Fangarme von zehn Metern Länge. Doch aus Wunden, die Pottwale bei Kämpfen mit Kalmaren davontragen, lässt sich schließen, dass diese Kalmare noch ein ganzes Stück größer werden können.

Welche Feinde haben Riesenkraken?

Die vielleicht gewaltigsten Kämpfe im Tierreich spielen sich in Tiefen von über einem Kilometer ab, wenn Pottwale Jagd auf Riesenkalmare machen. Meistens gehen die Wale als Sieger hervor. Sie packen die Riesenkrake und schleppen sie an die Oberfläche. Die Weichtiere können den wechselnden Wasserdruck nicht so gut ausgleichen wie die Wale und verlieren beim Auftauchen das Bewusstsein. Der Wal kann sie dann überwältigen. Beim Kampf in der Tiefsee tragen Pottwale allerdings häufig schlimme Wunden davon. Am Walkörper finden sich oft zwanzig Zentimeter große, kreisrunde Narben, die von den Saugnäpfen der Kraken stammen. Der zu einem so großen Saugnapf gehörende Arm war dann wahrscheinlich etwa fünfzehn Meter lang.

Warum wird der Tintenfisch vor Ärger bleich?

Kein anderes Tier kann seine Farbe so schnell verändern wie manche Tintenfischarten. Wenn man einen Tintenfisch ärgert, wird er binnen Sekunden blass, manchmal sogar gespenstisch weiß. Das zeigt, wie sehr er sich aufregt. Tintenfische können sich auch dem Untergrund gut anpassen und viele verschiedene Färbungen annehmen. In ihrer Haut sind kleine „Pakete“ verschiedener Farbstoffe eingebettet. Winzige Muskeln in der Haut können mal die eine, mal die andere Farbe oder Kombinationen verschiedener Farben aktivieren. Je aufgeregter ein Tintenfisch ist, desto weniger Farbe zeigt er. Er wird bleich.

Wie viele Krebsarten gibt es?

Die Krebse zählen zu den verbreitetsten Tiergruppen. Biologen unterscheiden etwa 35 000 Krebsarten. Die meisten Krebse können sich aus eigener Kraft an Land, im Wasser oder auf dem Meeresgrund fortbewegen. Die Krillkrebse, die in riesigen Schwärmen durch das antarktische Meer treiben, werden von Meeresströmungen bewegt.

Die Rankenfüßer setzen sich an Felsen, die mit Tang bewachsen sind, und wachsen dort förmlich an. Dabei sehen sie eher wie Muscheln aus. Man nennt sie daher auch Entenmuscheln. Rankenfüßer werden zwischen zwei Millimeter und zwölf Zentimeter groß. Auf einen einzigen Kilometer Küstenstreifen können eine Milliarde Rankenfüßer kommen. Solche Kolonien sind auch als Seepocken bekannt. Die Krebse suchen nicht aktiv nach Nahrung, sondern kleben ihr Leben lang am Felsen. Ihre Nahrung wird von Meeresströmungen und vom Wellenschlag geliefert. Mit ihren Gliedmaßen sammeln diese Krebse Kleinstlebewesen ein.

Wovon ernähren sich die riesigen Wale?

Die größten Tiere der Welt, die Bartenwale (zum Beispiel der Blauwal), ernähren sich von im Wasser treibenden Kleintieren. Sie schöpfen die Kleinkrebse mit ihren gewaltigen Mäulern aus dem Wasser. Am häufigsten sind die höchstens daumengroßen Krillkrebse, die in Wolken von Millionen von Einzellebewesen im Meer treiben, vor allem in den kalten Gewässern rund um die Antarktis. Man schätzt, dass die größten Krillwolken aus etwa fünfhundert Millionen Einzeltieren bestehen.

Wie überlisten Krabbenmännchen ihre Weibchen?

Normalerweise wollen die Weibchen der in Flüssen lebenden Wollhandkrabben von den Männchen nichts wissen. Doch gegen folgenden Trick haben sie keine Chance. Im Hochsommer ziehen die Weibchen flussabwärts zum Meer. Die Männchen krabbeln zuerst los. An einer schmalen Stelle des Flusses bleiben sie zu tausenden stehen und bilden einen Unterwasserdamm von einem Flussufer zum anderen. Jetzt kommen die Weibchen angekrebst. Es bleibt ihnen nichts anderes übrig, als über die Männchen hinwegzukrabbeln. Bei dieser Gelegenheit werden sie befruchtet.

Welches Tier bricht sich selbst das Bein?

Krebse können Gliedmaßen – Beine oder Scheren – wieder nachwachsen lassen. Nach drei Monaten ist der Krebs wieder vollständig. Dank dieser Fähigkeit haben Krebse auch keine Probleme damit, in heiklen Situationen ein Bein zurückzulassen. Zum Beispiel dann, wenn das Bein irgendwo eingeklemmt ist. In diesem Fall bricht sich der Krebs selbst das Bein. Zuständig für diese gekonnte Selbstverstümmelung ist ein spezieller Muskel. Er zieht sich zusammen, und schon ist das Glied ab. Der Krebs kann sich davonmachen. Er kann sicher sein, dass ihm das Bein oder die Schere nachwächst.

Welcher Krebs begibt sich freiwillig in lebenslange Gefangenschaft?

Muschelwächter sind daumengroße Krebse, die sich Miesmuscheln als Wirte und Behausungen aussuchen. Muschelwächterweibchen kriechen in die Muschel und richten sich dort häuslich ein. Die Krebse ernähren sich von den winzigen Lebewesen, die von der Muschel durch ihre Muschelkammer gespült werden. Die Muschel tut gut daran, möglichst viel Nahrung heranzuschaffen. Denn sonst fängt der hungrige Untermieter an, am Muschelfleisch zu knabbern. Probleme kann es geben, wenn der Krebs zu groß wird und die Muschel klein bleibt. Dann kann das Muschelwächterweibchen seine Behausung nicht mehr verlassen – nicht einmal, um sich zu paaren und Junge zu bekommen.

Wie kommen Muschelwächterweibchen zu ihren Männchen?

Paarungswillige Muschelwächtermännchen halten sich in der Nähe der Miesmuschel mit dem darin gefangenen Weibchen auf und lassen in einem günstigen Moment ihren Samen ab. Die Muschel spült den Wasserstrom mit den Samen in die Muschelkammer. Die Samen befruchten die Eier des Weibchens, und nach einiger Zeit kommen im Inneren der Muschel kleine Krebschen auf die Welt. Sie sind dann noch klein genug, um die Muschel zu verlassen.

Welche Meerestiere wandern im Gänsemarsch?

Jedes Jahr zur Frühlingszeit beginnt vor den Küsten Nord- und Südamerikas ein merkwürdiges Spektakel: Gruppen bis zu 5 000 Langusten formieren sich und beginnen lange Wanderungen auf dem Meeresgrund. Dabei laufen sie alle immer hübsch hintereinander. Stets geht es sehr diszipliniert zu. Jede Languste wartet, bis sich ihr Vorderkrebs in Marsch setzt, und läuft ihm dann nach. Auf ihrer Wanderung suchen sie neue Weidegründe auf. Die Gründe für diese sonderbare Marschordnung sind unbekannt. Schließlich gibt es ja auf dem Meeresgrund Platz genug. Langusten sind große, scherenlose Panzerkrebse, die bis zu acht Kilogramm schwer werden können.

Welche Krabbe wehrt sich mit fremden Waffen?

Eine im Indischen Ozean lebende Krabbenart der Gattung Melia hat keine eigenen Waffen. Trotzdem ist sie Angreifern nicht schutzlos ausgeliefert. Bei Gefahr pflückt die Krabbe nämlich Purpurrosen, das sind giftige Hohltiere, vom Meeresgrund und hält sie dem Feind entgegen. Fische kehren sofort um, denn die Purpurrose hat ein starkes Nesselgift, das ein kleineres Tier lähmt.

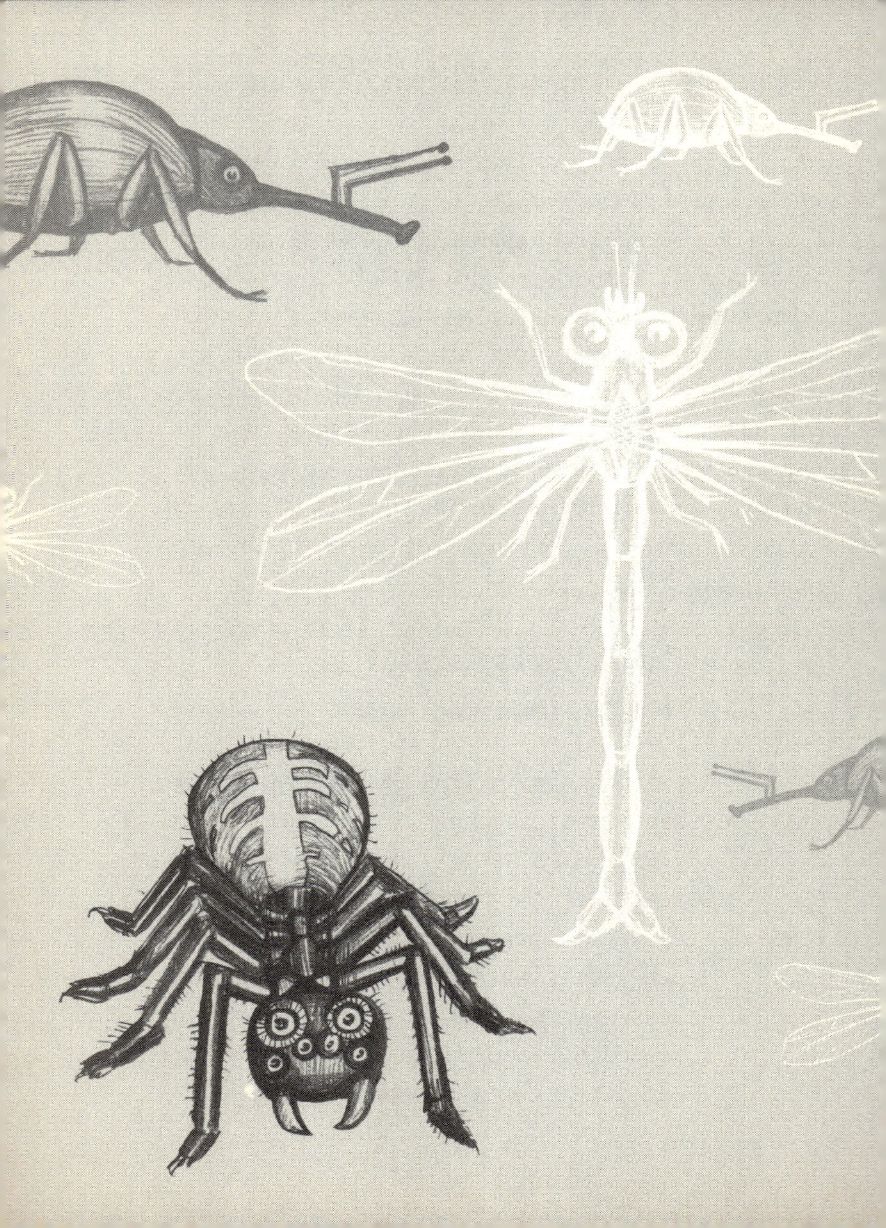

Wie viele verschiedene Insekten gibt es?

Von fünf bekannten Tierarten, die heute auf der Erde vorkommen, gehören vier zu den Insekten. Insekten leben im Wasser, auf dem Land und in der Luft. Wegen ihrer extrem hohen Anpassungsfähigkeit überstehen sie die grimmige, eisige Kälte in polaren Gebieten ebenso wie die flirrende Hitze in der Wüste. Zu den Insekten gehören so unterschiedliche Tiere wie Heuschrecken und Fliegen, Flöhe und Libellen, Wanzen und Ohrwürmer, Schmetterlinge und Ameisen.

Spinnen sind keine Insekten. So viele Insektenarten es gibt, so zahlreich sind auch die Tiere selbst. Einzelne Staaten von Ameisen und Bienen können einige Millionen Mitglieder zählen, die wie ein großer Organismus zusammenarbeiten und zusammenleben.

Wie viele Insekten leben auf der Erde?

Man schätzt, dass auf der Erde eine Milliarde Milliarden Insekten leben. Auf einen Menschen kommen also über eine Million Insekten. Das Gesamtgewicht aller Insekten ist allerdings nur etwas mehr als zehnmal so groß wie das Gewicht aller auf der Erde lebenden Menschen. Bislang hat man ungefähr eine Million verschiedene Insektenarten identifiziert. Jedes Jahr beschreiben und klassifizieren Insektenforscher 7000 bis dahin unbekannte Arten. Vermutlich gibt es noch ein paar Millionen Arten mehr.

Wie fangen Libellen ihre Opfer?

Unter den fliegenden Raubinsekten gehören die Libellen zu den geschicktesten Jägern. Sie können mit ihren sechs nach vorne gestreckten Beinen eine Art Fangkorb bilden und damit andere Insekten im Flug ergreifen. Die Beutetiere werden entweder noch im Flug gefressen oder gleich nach der Landung auf dem Ruheplatz.
Libellen haben hervorragende Augen, die aus winzigen Einzellinsen bestehen. Jede dieser Linsen nimmt die Umgebung aus einem anderen Blickwinkel wahr. Die bei uns vorkommenden Libellen haben eine Flügelspannweite von etwa zehn Zentimetern. Tropische Arten werden dagegen dreimal so groß.

Wie kommen Libellenlarven im Wasser voran?

Die Libellenlarven, die im Wasser von Teichen und Tümpeln leben, sind tüchtige Räuber. Sie ergreifen ihre Beute mit einem Haken an der Unterlippe. Vor ihnen sind auch kleine Fische nicht sicher. Libellenlarven haben eine ähnliche Art sich fortzubewegen wie die Tintenfische: durch

Wasserrückstoß. Die Larve kann ihren After ausbuchten. Dabei zieht sie Wasser in den Hohlkörper. Will sie nun einen Sprint einlegen, presst sie das Wasser wie durch eine Düse raus und schießt, wie von einer Rakete getrieben, voran.

Wie viel Futter braucht ein Heuschreckenschwarm?

Heuschreckenschwärme zählen zu den größten Plagen der Menschheit. Wo sich die fliegenden Heuschrecken niedergelassen haben, sieht das Land anschließend wie niedergebrannt aus. Ein großer Schwarm kann aus einigen Milliarden Tieren bestehen. Von den 5 000 Arten der Kurzfühlerheuschrecken finden sich nur neun Arten zu Schwärmen zusammen. Heuschrecken werden bis zu zehn Zentimeter lang und drei Gramm schwer.

Wie schnell ist ein Heuschreckenschwarm unterwegs?

Heuschreckenschwärme ziehen in Etappen. Kleinere Schwärme mit etwa fünf Millionen Tieren fliegen täglich zirka zwei Kilometer weit, um zu fressen. Große Schwärme legen täglich etwa zwanzig Kilometer zurück. Sie brauchen größere Futterplätze. Doch sie können auch ohne Rast wesentlich weiter fliegen. Heuschreckenschwärme wurden schon 2 000 Kilometer von der Küste entfernt auf offener See gesichtet. Große Schwärme können die Sonne wie bei einer Sonnenfinsternis verdunkeln. Der größte Heuschreckenzug in jüngster Zeit fand vor etwa hundert Jahren statt. Damals überflogen zirka 500 Milliarden Heuschrecken das Rote Meer.

Welche Insekten sehen als Junge und Erwachsene gleich aus?

Die meisten Insekten machen im Laufe ihres Lebens verschiedene Entwicklungsstufen durch. Nach dem Schlüpfen aus dem Ei sehen die Jungtiere zuerst vollkommen anders aus als die Erwachsenen. Das beste Beispiel dafür sind die Schmetterlinge, die ihre Kinderzeit als Raupen verbringen. Viele Käfer wachsen als Larven heran, die sich oft in ganz anderen Lebensräumen, zum Beispiel im Wasser, entwickeln. Später verpuppen sie sich, und aus der Puppe kriecht schließlich der fertige Käfer. Heuschrecken zählen zu den wenigen Insekten, bei denen schon die Jungtiere den Erwachsenen sehr ähnlich sehen.

Wie vertreiben Heuschrecken Angreifer?

Manche flügellose Arten von Heuschrecken vertreiben Raubinsekten durch ein regelrechtes Insektenschutzmittel. Bei Gefahr sondern sie aus dem Mund und aus verschiedenen Drüsen am übrigen Körper eine chemische Substanz ab. Dieses stark riechende Öl wird von der Heuschrecke mit Luft zusätzlich aufgeschäumt. Dadurch verbreitet sich der Geruch sehr schnell und vertreibt Raubinsekten. Das Abwehrmittel enthält Wirkstoffe, wie sie auch in manchen Mückenschutzcremes enthalten sind.

Wie fängt die Wespe eine Vogelspinne?

Vogelspinnen sind tropische Raubspinnen, die nicht nur auf Insekten, sondern auch auf kleine Vögel Jagd machen. Eine große tropische Wespenart (Flügelspannweite: zehn Zentimeter) macht sich über die Vogelspinne her. Sobald die Wespe eine Spinne sieht, gräbt sie in der Nähe ein tiefes Loch. Dabei lässt sie die Spinne nicht aus den Augen. Sobald das Loch fertig ist, greift die Wespe die Spinne blitzschnell an und sticht sie. Meist kommt die Gegenwehr der Spinne zu spät. Gelähmt vom Wespengift, kann sich die Spinne bald nicht mehr rühren. Die Wespe schleppt sie zu ihrem Loch und schiebt sie in die Höhle. Dann legt sie ein Ei neben ihrem Opfer ab, kriecht heraus und schüttet das Loch zu. Später schlüpft die Jungwespe aus dem Ei, frisst die gelähmte Vogelspinne bei lebendigem Leib auf und krabbelt wohlgenährt aus dem Loch.

Können Marienkäfer Menschen beißen?

Marienkäfer haben gewaltige Beißwerkzeuge, mit denen sie Läuse knacken und fressen. (Unter der Lupe sind die gefährlichen Kiefer gut sichtbar.) Auf empfindlicher Menschenhaut können verärgerte Marienkäfer auch ein Jucken und Brennen verursachen. Doch sie beißen dabei nicht zu. Ihr schwaches Gift wird in Drüsen an den Kniegelenken produziert.

Wie kann man männliche und weibliche Stechmücken unterscheiden?

Die Männchen von Stechmücken sind harmlos. Nur weibliche Stechmücken stechen. Wenn sie zustechen, saugen sie nicht sofort Blut. Zuerst pumpen sie durch ihren Rüssel Speichel in die Haut des Opfers, der dafür sorgt, dass das Blut flüssig bleibt. Erst dann fangen sie an, Blut durch den Rüssel aufzusaugen. Dabei können Stechmücken so viel Blut aufnehmen, dass sie beim Abflug doppelt so schwer sind wie zuvor. Das macht sie schwerfällig. Deshalb kann man satte Mücken so viel leichter erwischen als hungrige.

Wie lange reicht der Mücke eine Blutmahlzeit?

Eine voll gefressene Stechmücke kann fünfunddreißig Stunden lang fliegen, ohne Blut zu trinken. Bienen müssen öfter fressen. Der Energievorrat in ihrem Körper reicht höchstens für sieben Flugstunden.

Warum spürt man nichts, wenn die Tsetsefliege sticht?

Tsetsefliegen sind tropische Stechmücken, die beim Stechen den gefährlichen Erreger der Schlafkrankheit übertragen. Im Gegensatz zu den Stichen von Moskitos oder Flöhen spürt man den Stich dieser Fliege nicht. Ehe sie dem Opfer Blut abzapft, spritzt sie ihm ein Mittel, das die entsprechende Hautstelle örtlich betäubt.

Welches sind die für Menschen gefährlichsten Insekten?

Moskitos sind deshalb so gefährlich, weil sie beim Stechen Malariaerreger übertragen. Jedes Jahr sterben in den tropischen Ländern, der Heimat dieser Stechmücke, immer noch unzählige Menschen an dieser Krankheit.

Welche Fliege legt ihre Eier im Flug?

Eintagsfliegen zählen selbst im erstaunlichen Reich der Insekten zu den merkwürdigsten Lebensformen. Als Fliege lebt sie nämlich tatsächlich nur wenige Stunden oder Tage, wobei ihr einziger Lebenszweck darin besteht, Nachkommen zu erzeugen. Das alles muss sehr schnell gehen. Schon kurze Zeit nach der Befruchtung fliegt das Weibchen in etwa einem Meter Höhe über Wasser und bringt ihre Larven zur Welt, und zwar etwa siebenhundert Stück. Die Larven fallen ins Wasser und leben dort zwei bis drei Jahre lang als echte Wasserbewohner, die durch Kiemen atmen. Nach dieser Zeit sind sie voll entwickelt und verwandeln sich in Eintagsfliegen, die dann selten länger als einen Tag leben.

Wie viele Nachkommen erzeugt die Stubenfliege?

Die Stubenfliege, die über die ganze Erde verbreitet ist, kann in kurzer Zeit ungeheuer viele Nachkommen produzieren. Unter idealen Bedingungen kann eine einzige Fliege in einem halben Jahr 5 000 Milliarden Nachkommen haben: Kinder, Enkel, Urenkel und so weiter. Doch glücklicherweise gibt es so ein Fliegenparadies nicht, in dem alle Nachkommen bei genügend Nahrung und ohne jegliche Feinde überleben und sich wiederum vermehren können.

Wie klein ist das kleinste Insekt?

Ausgewachsene Zwergwespen werden nur ein fünftel Millimeter lang. Diese Tierchen stechen die Eier anderer Insekten an und legen darin ihre eigenen Eier ab. Die Eier der Zwergwespe sind so winzig, dass man fünf Millionen Stück bräuchte, um auf ein Gramm Gewicht zu kommen.

Wie schnell reagiert die Gottesanbeterin?

Die Gottesanbeterin ist ein Raubinsekt mit unglaublich schnellen Reflexen. Vom Erkennen eines Beutetiers bis zum Zupacken braucht sie nicht mehr als drei Hundertstelsekunden.

Warum frisst die Gottesanbeterin ihr Männchen?

Bei den Gottesanbeterinnen ist eine Paarung für das Männchen immer tödlich. Noch während das Männchen das Weibchen befruchtet, wird es vom Weibchen aufgefressen. Das Weibchen fängt beim Kopf an und frisst langsam weiter. Nun wartet sie, bis die Begattung beendet ist, dann frisst sie auch den Hinterleib. Der arme Vater liefert mit seinem eigenen Leib die Nahrung, die das Weibchen für die Produktion des Nachwuchses braucht.

Wie besänftigen Raubfliegenmännchen ihre Weibchen?

Bei etlichen räuberischen Insekten ist die Paarung für das Männchen sehr gefährlich. Die Weibchen neigen dazu, alles Genießbare zu fressen – auch das Männchen. Bei manchen Arten von Raubfliegen schützen sich die Männchen vor dem Gefressenwerden, indem sie zur Paarung ein Futterpaket als Brautgeschenk mitbringen, nämlich ein totes Tier. Das Weibchen macht sich über das Fresspaket her und ist abgelenkt, während sich das Männchen mit dem Weibchen gefahrlos paaren kann.

Woher kommt die Farbe der Schmetterlingsflügel?

Die meisten bunten Tiere beziehen ihre Färbung von Farbstoffen, die in der Haut oder in den Flügeln eingebettet sind. Schmetterlinge hingegen sind eigentlich viel weniger bunt, als sie aussehen. Ihre Flügel sind mit winzigen Schuppen bedeckt, die einander überlappen. Manche Gruppen von Schuppen haben eingelagerte Farbstoffe, andere sind eigentlich farblos, leuchten aber trotzdem bunt. Und zwar deshalb, weil sie das Sonnenlicht in bestimmte Farbanteile auffächern – ähnlich wie die Wassertröpfchen beim Regenbogen, ein Prisma aus Glas oder die Oberfläche einer öligen Pfütze. Dieser irisierende Effekt macht zusammen mit den echten Farben die schillernde Leuchtkraft der Schmetterlingsflügel aus.

Können sich Hummeln von innen aufheizen?

Insekten sind wechselwarme Tiere. Anders als Säugetiere und Vögel sind sie stets nur so warm oder kalt wie ihre Umgebung. Doch es gibt auch Ausnahmen. Hummeln zum Beispiel haben es auch bei Außentemperaturen nahe null Grad innerlich schön warm. Ihre Körpertemperatur liegt zwischen dreißig und siebenunddreißig Grad. Ihre „Heizung" sitzt in den Muskeln der Flügel, wo durch chemische Prozesse Wärme erzeugt wird.

Wie entkommen Schmetterlinge ihren Feinden?

Schmetterlinge sind langsame Flieger, und sie sind weithin sichtbar. Viele Vögel gehen gern auf Schmetterlingsjagd. Doch der taumelige Schmetterlingsflug lässt sich schwer berechnen. Der Jäger weiß nie, wann der Schmetterling einen Haken schlägt. Auf besonders raffinierte Weise schützt sich ein südamerikanischer Falter vor Vögeln. Er hat am Hinterleib einen Auswuchs, der haargenau wie sein Kopf aussieht. Aus diesem Scheinkopf wachsen sogar fühlerartige Gebilde. Vögel packen Schmetterlinge normalerweise am Kopf. Im Fall dieses Schmetterlings ist die Chance groß, dass ihn der Vogel irrtümlich am Schwanz packt. Dann fliegt der Schmetterling einfach in die andere Richtung davon.

Viele Schmetterlingsarten sind giftig. Andere tarnen sich als giftige Schmetterlinge und werden daher von Vögeln ebenfalls verschont. Merkwürdigerweise nehmen bei diesen als Giftfalter getarnten Schmetterlingen nur die Weibchen diese schützende Tarnung an.

Wie schützen sich Nachtfalter vor Fledermäusen?

Nachtfalter sind langsam und nahrhaft, eigentlich ein ideales Futter für Fledermäuse. Doch so einfach machen die Nachtfalter es den Jägern nicht. Sie können nämlich extrem gut hören. Zwar besitzen Falter keine echten Ohren, aber sie haben Hörorgane, die am Körper sitzen. Diese Organe sind speziell auf die hohen Ultraschallfrequenzen der Fledermaus abgestimmt. Falter orten Fledermäuse, bevor sie selbst von der Fledermaus aufgespürt werden. Sie fliegen sofort in die entgegengesetzte Richtung. Zur Sicherheit schlagen sie einen Zickzackkurs mit unvorhersehbaren Richtungsänderungen ein: nicht nur nach links und rechts, sondern auch nach unten und oben. Die Fledermaus ist nicht in der Lage, vorherzusehen, wohin der Falter eigentlich will. Manche Nachtfalter verwirren den Angreifer außerdem mit eigenen Ultraschalltönen.

Wie warnen giftige Nachtfalter ihre Feinde?

Einige Schmetterlingsarten schützen sich vor ihren Feinden, indem sie sich durch eingelagerte Giftstoffe ungenießbar machen. Das müssen sie jedoch den Fledermäusen in geeigneter Weise melden, sonst nützt es ihnen nichts, giftig zu sein. Warnfarben helfen in stockdunkler Nacht nichts. Also senden manche Mottenarten ein warnendes Klicken aus, das sie mit ihren Beinen erzeugen. Fledermäuse halten sich von ihnen fern. Und wie so oft im Tierreich, gibt es einige Betrüger, die sich als Giftfalter ausgeben, in Wirklichkeit aber durchaus genießbar sind. Sie klicken in derselben Frequenz und Tonhöhe wie giftige Nachtfalter und werden von Fledermäusen ebenfalls verschmäht.

Auf welchem lebendigen Pelz siedeln sich Motten an?

Motten sind kleine Schmetterlinge, die sich unter anderem von Getreide und Obst, aber auch von Federn, Pelz und Wolle ernähren. Pelzmotten und Kleidermotten sind deshalb gefürchtete Schädlinge. Über lebendige Pelze machen sich Motten dagegen nur dann her, wenn es sich beim Pelzträger um ein Faultier handelt. An einem einzigen Faultier hat man schon an die hundert Motten aus sieben verschiedenen Arten gefunden. Faultiere sind so langsam, dass die Motten auf ihnen zum einen ein behagliches Leben führen können und zum anderen nach Ausflügen immer wieder nach Hause zu ihrem Pelz finden. Auch die Raupen dieser Schmetterlinge sind auf die Faultiere angewiesen. Sie ernähren sich vom Dung des Faultiers, den ihr Gastgeber einmal wöchentlich auf der Erde absetzt. Nachdem sich die Raupen in Motten verwandelt haben, flattern sie hoch in die Baumkronen. Sie suchen sich ihr eigenes Faultier, auf dem sie dann ihr Leben verbringen.

Welche Raupe tarnt sich als Schlange?

Noch gefährdeter als Schmetterlinge sind ihre Raupen. Wenn es sich nicht gerade um Arten handelt, die in der Vogelwelt als ungenießbar oder gar giftig bekannt sind, müssen sich diese langsamen und nahrhaften Tiere gut tarnen. Tatsächlich sind Raupen schwer zu entdecken. Die Raupen mancher Schmetterlingsarten sehen aus wie Ausscheidungen von Vögeln. Andere tarnen sich als Zweige oder kleine Äste. Am besten tarnt sich die Raupe eines in Malaysia lebenden Schwärmers. Bei Gefahr zieht die Raupe den Kopf ein. Nun werden auf den vorderen Raupensegmenten augenartige Flecke sichtbar, die die fingergroße Raupe wie eine kleine Schlange aussehen lassen.

Wie wehrt sich die Gabelschwanz-Raupe?

Die Raupe des Gabelschwanzes, eines auch in Europa heimischen Schmetterlings, kann ihr Gift bis zu zwanzig Zentimeter weit spritzen. Dabei zielt die Raupe auf den Kopf der Angreifer. Vögel, die vom Giftstrahl in die Augen getroffen werden, können daran erblinden. Gabelschwanz-Raupen verschießen die ätzende Flüssigkeit mit dem Hinterleib, den sie beim Abschuss wie eine winzige Kanone aufrichten.

Welcher Falter trinkt Blut?

In den heißen Ländern Südostasiens lebt der einzige Blut saugende Schmetterling. Alle anderen Schmetterlinge haben weiche Rüssel. Dieser Blutsauger namens Calyptra eustritata dagegen hat einen stachelartigen Rüssel, der wie eine Injektionsnadel funktioniert. Der haarfeine Stachelrüssel dringt fast einen Zentimeter in die Haut ein. Um zu verhindern, dass das Blut stockt, lässt der Blut saugende Schmetterling Speichel über den Rüssel in die Stichstelle fließen. So bleibt das Blut des Opfers flüssig. Die Blut saugenden Schmetterlinge flattern nachts und landen auf Säugetieren und Menschen.

Wo gibt es die größten Schmetterlingsschwärme?

Die prächtigen Monarchfalter bilden die größten Ansammlungen in der Schmetterlingswelt. Das Sommerhalbjahr verbringen sie in Kanada. Im Herbst ziehen sie in gewaltigen Schwärmen von bis zu zehn Millionen Exemplaren nach Kalifornien und Florida. In diesen warmen Ländern überwintern sie. Dabei lassen sich hunderttausende von Schmetterlingen auf einem Baum nieder, der dann aussieht wie mit Faltern belaubt.

Wie groß können Schmetterlinge werden?

Die größte Spannweite aller Schmetterlinge hat ein in Südamerika lebender Schmetterling, der zu den Eulenfaltern gehört, die Rieseneule (Flügelspannweite: zweiunddreißig Zentimeter). Bisher hat man nicht weniger als 25 000 Arten von Eulenfaltern klassifiziert. Der kleinste Schmetterling, eine Mottenart, misst bei ausgespannten Flügeln dagegen gerade mal einen halben Zentimeter.

Können alle Schmetterlinge fliegen?

Bis auf eine einzige Ausnahme können sämtliche Schmetterlingsarten fliegen. Diese Ausnahme ist das Weibchen der Kleidermotte. Dieser Schmetterling kann nur laufen, das allerdings sehr schnell. Bei den Kleidermotten können nur die Männchen fliegen.

Welches Insekt überlebt auf einer Fleisch fressenden Pflanze?

Fleisch fressende Pflanzen wie der Sonnentau sind für fast alle Insekten eine tödliche Falle. Die Oberfläche der Pflanze ist mit einer klebrigen Flüssigkeit überzogen. Insekten, die sich darauf niederlassen, kommen nicht mehr los und werden bei lebendigem Leib verdaut.
Die Raupe eines amerikanischen Falters trägt Schuppen, die sie abstreifen kann. Damit kann sie sich einen Weg über den Leim pflastern. Auf diese Weise vor dem Klebenbleiben geschützt, lebt die Raupe auf der Fleisch fressenden Pflanze wie im Schlaraffenland. Sie frisst nämlich die anderen Insekten auf, die auf der Pflanze kleben.

Warum lecken Falter Steine ab?

Die Admirale, eine Schmetterlingsart, kann man manchmal dabei beobachten, wie sie auf trockenen Steinen sitzen und daran lecken. Wenn man genauer hinguckt, sieht man, dass sie zuerst etwas Flüssigkeit absondern, um den Speichel dann wieder aufzusaugen. Die Speichelflüssigkeit löst winzige Spuren von Mineralstoffen aus dem Stein, die von den Faltern beim Aufsaugen mit aufgenommen werden. Nur

Männchen brauchen diese Mineralstoffe. Die Samen, die sie beim Befruchten an die Weibchen abgeben, schwimmen nämlich in einer mineralstoffreichen Nährflüssigkeit. Diesen Verlust an Mineralstoffen (zum Beispiel Salz) müssen die Männchen wieder ausgleichen.

Welches ist die größte Insektengruppe?

Jede dritte Insektenart gehört zur Gruppe der Käfer. Man kennt etwa 330 000 Käferarten.

Was fressen Mistkäfer?

Mistkäfer legen ihre Eier im Dung von Säugetieren ab. Der Mist bietet dem Nachwuchs reichlich Nahrung für die ersten Lebenstage. Ein einziger Haufen Elefantendung kann 7000 Käfer ernähren. Meistens wird der Kothaufen portioniert. Der Käfer rollt ein Stück Mist zu einer Kugel zusammen, die er in seinen unterirdischen Brutbau rollt. Dabei macht er einen Handstand mit den Vorderbeinen. Die vier Hinterbeine drehen die Kugel. Wo es Mistkäfer gibt, sind Dunghaufen immer recht schnell von der Erdoberfläche verschwunden. Mistkäfer reagieren in Bruchteilen von Sekunden auf den Geruch frischen

Dungs. Sobald ein Kuhfladen die Kuh verlässt, noch bevor er auf die Wiese klatscht, hat sich wahrscheinlich schon ein Mistkäfer in Richtung Futter aufgemacht. Verschiedene Arten von Mistkäfern haben sich auf verschiedene Arten von Dung spezialisiert. Der europäische Dreihornmistkäfer zum Beispiel verräumt am liebsten Kaninchenkot.

Wie finden Mehlkäfer heraus, dass es zu viele Mehlwürmer gibt?

Käfer und Würmer existieren nebeneinander im selben Lebensraum. Wenn nun ein herumlaufender Käfer allzu oft über herumkriechende Würmer steigen muss, strömt automatisch Giftgas aus seinem Hinterleib, und der gierige Nachwuchs verendet. Außerdem erlahmt auch der Fortpflanzungstrieb der Käfer. Nach dem Einatmen des Gases haben die Käfer längere Zeit keine Lust mehr, sich zu paaren.

Welcher Käfer hat vier Augen?

Der Taumelkäfer (oder Kreiselkäfer) lebt auf der Oberfläche von Teichen. Damit ihm nichts entgeht, hat er zwei Augenpaare. Ein Augenpaar guckt unter Wasser, das andere Augenpaar sieht sich über der Oberfläche um.

Wie schnell können Kakerlaken krabbeln?

Kakerlaken (oder Schaben) sind ungemein flinke und bewegliche Tiere. Es ist sehr schwer, eine dahinflitzende Schabe zu erwischen. Doch ihr Krabbeltempo täuscht. In Wirklichkeit brauchen sie drei Sekunden für einen Meter Laufstrecke. Das entspricht einem Tempo von 1,8 Stundenkilometern, etwa halb so schnell, wie ein Fußgänger läuft. Damit zählen die Kakerlaken trotzdem zu den schnellsten Läufern unter den Insekten.

Wo sitzen die Zähne des Rüsselkäfers?

Die Spitze des Rüssels eines Rüsselkäfers ist mit scharfen Zähnchen besetzt. Der Rüssel dient als Bohrer, mit dem diese Käfer Löcher in Nüsse bohren. Mit dem stabilen Rüssel erweitern die Käfer die Löcher in den Nüssen. Von den Rüsselkäfern gibt es etwa 40 000 Arten. Die meisten von ihnen sind nur ein paar Millimeter lang.

Wie verteidigt sich der Bombardierkäfer?

Einen ungewöhnlichen, aber sehr wirksamen Kampfstoff verschießt der Bombardierkäfer, wenn er sich gegen

Angreifer verteidigen muss. An der Spitze seines Hinterleibs sitzt eine Art Brennkammer, in der bestimmte Chemikalien zusammengeführt werden. Die Stoffe reagieren explosionsartig miteinander und zünden in einer Detonation, die so stark ist, dass sie auch vom menschlichen Ohr gehört werden kann. Das funktioniert so: Der Käfer richtet seine Spritzdüse auf den Feind und schießt einen pulsierenden Strahl ab. Dabei erhitzt sich der stinkende Stoff auf hundert Grad und verwandelt sich in Dampf. Bombardierkäfer können mit ihrem Strahl in jede beliebige Richtung zielen. Bombardierkäfer sind nicht die einzigen Käfer, die bei Gefahr Chemikalien verspritzen.
Manche Mäuse schrecken aber trotzdem nicht vor diesen gefährlichen Insekten zurück. Sie packen den Käfer blitzschnell und rammen seinen Hinterleib in den Boden. Dann fressen sie ihr wehrloses Opfer auf und lassen nur das in der Erde steckende Hinterteil übrig.

Welche Parasiten leben von Parasiten?

Parasiten sind Lebewesen, die auf Kosten eines so genannten Wirtstieres leben. Sie schädigen ihren Wirt vor allem dadurch, dass sie ihm Nahrung entziehen. Parasiten sind immer viel kleiner als die Tiere, von denen sie sich ernähren. Der Fall einer ganzen Parasitenkette lässt sich beim mexikanischen Bohnenkäfer beobachten. In die Larve dieses Pflanzenfressers legt eine kleine Fliege ihre Eier ab.

Sobald sich die kleine Fliegenlarve in die große Käferlarve verpuppt, tritt eine winzige Wespe auf den Plan. Sie sticht ein Loch in die Fliegenpuppe und legt darin ihre Eier ab. Diese Wespe ist ebenso auf die Fliegenpuppe angewiesen wie die Fliege auf die Käferlarve. Nur der Käfer selbst könnte ohne die beiden Schmarotzer auskommen. Das wäre allerdings für die Landwirtschaft schlimm. Ohne seine Parasiten würde sich der Bohnenkäfer zu stark ausbreiten und die Bohnenfelder ratzekahl abfressen.

Warum leuchten Leuchtkäfer?

Die Männchen und Weibchen von Leuchtkäfern finden einander durch die Leuchtsignale, die sie in regelmäßigen Abständen aussenden. Die meisten der 2 000 verschiedenen Arten von Leuchtkäfern gehören zu den Glühwürmchen. Leuchtkäfer sind hauptsächlich in den Tropen beheimatet. Bei uns gibt es nur drei Arten. Glühwürmchen erkennen ihre Artgenossen an der Art des Leuchtens und an der Frequenz der abgestrahlten Leuchtsignale. Meistens funktioniert die Arterkennung bestens. Doch auch unter den Leuchtkäfern gibt es Betrüger. Die Weibchen einer räuberischen Leuchtkäferart stellen den Männchen einer anderen Leuchtkäferart eine tödliche Falle. Sie geben sich durch ihre Lichtsignale als Weibchen der anderen Art aus. Sobald ein ahnungsloses Männchen herbeischwebt, wird es vom räuberischen Weibchen überfallen und aufgefressen.

Warum sind bei Grillen Drückeberger im Vorteil?

Die Männchen einer amerikanischen Grillenart tun sich zu Gruppen zusammen, um lauter singen und die Weibchen von weiter her anlocken zu können. Die meisten Mitglieder des Gesangsvereins zirpen brav mit. Doch gibt es immer einige Drückeberger, die stumm und regungslos unter ihren zirpenden Artgenossen hocken. Sie profitieren von ihrem Verhalten auf zweifache Weise. Erstens müssen sie sich nicht anstrengen, und zweitens sind sie deshalb immer einen Tick schneller, wenn tatsächlich ein Weibchen anrückt. Allerdings gibt es immer nur wenige Drückeberger unter den Grillenmännchen. Zirpen nämlich nicht genug Grillenmännchen, dann ist der Gruppengesang nicht laut genug. In diesem Fall suchen sich die Weibchen lieber eine andere Gruppe, wo es lauter zugeht, und auch die Drückeberger haben das Nachsehen.

Wie weit kann ein Zikadenweibchen das Männchen hören?

Zikadenmännchen locken ihre weiblichen Artgenossen nicht durch Duftstoffe an, sondern durch Lärm. Sie schaben ihre Gliedmaßen am Panzer. Dieses durchdringende Geräusch lockt Weibchen aus einer Entfernung von bis zu vier Kilometern an. Das Gehör der Zikadenweibchen ist auf die Frequenzbereiche eingestellt, in denen die Männchen musizieren. Andere (höhere oder tiefere) Töne hören sie längst nicht so gut. Menschen können Zikaden in windstillen Nächten noch aus einer Entfernung von einem Kilometer hören.

Warum halten sich Waldameisen einen Todfeind als Haustier?

Die Raupe des Arion-Bläulings frisst am liebsten Ameisenlarven und ist damit eigentlich ein Todfeind der Ameisen. Trotzdem verbringt sie zirka sechs Wochen ihrer Raupenzeit direkt an der Futterquelle, nämlich in einem Ameisenbau der Roten Waldameise. Ihr Trick: Die Raupe scheidet einen süßen Saft aus, den Ameisen gerne mögen. Sobald sie eine Bläulingsraupe sehen, klettern sie an ihr hoch. Die Raupe lässt sich den Saft gerne abzapfen. Sie krümmt sich zusammen und wird von den Ameisen in ihren Bau geschleppt. Nun lebt sie in einem Extrazimmer, gibt süßen Saft ab und holt sich dafür Ameisenlarven. Das Erstaunliche daran ist, dass Rote Ameisen normalerweise aggressive Kämpfer sind, wenn es darum geht, Fremdlinge aus ihrem Bau zu vertreiben. Im Fall der Bläulingsraupe jedoch sind sie wie ausgewechselt. Offenbar ist ihnen der Raupensaft wichtiger als alles andere. Nach etwa sechs Wochen hat die Raupe genug Ameisenlarven gefressen. Sie kriecht davon, verpuppt sich, und wenig später erhebt sich ein Schmetterling in die Luft.

Wo leben Blattläuse als Haustiere?

Wiesenameisen halten sich Blattläuse als Haustiere. Sie schützen die Läuse, besorgen ihnen Futter und ein Dach überm Kopf. Als Gegenleistung sondern die Blattläuse einen Saft ab, der den Ameisen offensichtlich sehr gut schmeckt. So kooperieren diese beiden Insektenarten auf eine Weise, die beiden Seiten Vorteile bringt. Die Ameisen bauen für die Läuse tatsächlich kleine „Ställe“ aus Lehm, die an Pflanzenstängeln kleben. Hier sind die Läuse vor Feinden, zum Beispiel vor Marienkäfern, sicher. Wenn die Läuse in der Nacht einmal ausrücken, dann machen sich die Ameisen auf die Suche nach ihnen. Sie packen sich die Ausreißer auf den Rücken und tragen sie zurück in den Stall. Und wenn es einmal zu wenig „Hausläuse“ im Bau gibt, gehen die Ameisen auf Jagd. Sie holen sich „wilde“ Blattläuse und schaffen sie in ihre Behausung.

Warum kümmern sich Ameisen um die Eier von Läusen?

Gelbe Wiesenameisen sorgen sich sogar um die Aufzucht von Jungläusen. Die Ameisen sammeln die Lauseier vor Wintereinbruch ein und verstauen sie im warmen Ameisenbau. Im Frühling bringen sie die Eier zu den Lieblingspflanzen der Läuse. Gelbe Wiesenameisen halten sich zwei verschiedene Arten von Blattläusen: eine in oberirdischen Lehmbehausungen, die andere Art in den Tiefen des Ameisenbaus.

Welche Insekten sind am stärksten?

Im Vergleich zu Säugetieren und angesichts ihrer geringen Größe sind Insekten wahre Kraftprotze. Der drei Gramm schwere Nashornkäfer beispielsweise kann bis zu zwei Kilogramm schwere Lasten schleppen. Auch Fluginsekten sind bessere Lastenträger als Vögel. Eine Biene schleppt im Flug Lasten mit, die zwanzigmal so schwer sind wie ihr Körpergewicht. Die besten Springer im Tierreich sind Flöhe und Heuschrecken. Flöhe werden kaum einen halben Zentimeter groß, können jedoch zwanzig Zentimeter hoch springen. Damit überspringen sie ihre Körpergröße um das Fünfzigfache. Auch Heuschrecken sind gewaltige Springer. Bei jedem Sprung setzen sie eine Schubkraft frei, die dem Körpergewicht von 20 000 Heuschrecken entspricht.

Womit weisen sich Ameisen aus?

Ameisen erkennen ihre Mitbewohner am Geruch und machen mit fremden Ameisen kurzen Prozess. Eindringlinge, die einem anderen Volk angehören, werden sofort getötet. Mitglieder des eigenen Volkes weisen sich hingegen durch den immer gleichen Geruch aus. Der Geruchssinn der Ameisen ist ungeheuer gut. In einem Experiment wurde eine Riesenameise mit der Körperflüssigkeit kleinerer Ameisen betupft und dann im Bau der Kleinameisen ausgesetzt. Niemand kümmerte sich um den Fremdling, obwohl er ganz anders aussah. Erst als sich der aufgetupfte Geruch verflüchtigte und der Eigengeruch der Riesenameise stärker wurde, wurde sie als Feind erkannt und getötet.

Welche Insekten bauen Hochhäuser?

Termitenbauten sind wahre Wunderwerke der Natur. Die meist kegelförmige Burg eines Termitenvolkes ragt bis zu sechs Meter hoch. Drinnen gibt es ein für Nichttermiten verwirrendes System von Gängen und Kammern. Königin und König beispielsweise haben eigene Kammern. Es gibt Vorratskeller und Kammern, in denen die Termiten Pilze züchten. Am erstaunlichsten jedoch ist die Klimaanlage im Termitenbau. Ein ausgeklügeltes Kanalsystem sorgt dafür, dass unten Frischluft zugeführt wird und die erhitzte und verbrauchte Luft wie in Kaminen aufsteigt und abgeführt wird. Termitenbauten stehen in heißen Ländern in der prallen Sonne. Ohne ein derartiges Kühlsystem würden sie sich unerträglich aufheizen. Doch je heißer die Sonne brennt, desto schneller funktioniert auch die Luftumwälzung im Bau. Viele Termitenbauten reichen mit ihren Gängen tief in die Erde bis zum Grundwasser. Aus solchen Brunnengängen beziehen die Insekten Wasser.

Warum können Termiten auch Holz fressen?

Termiten sind berüchtigt dafür, alles wegzufressen, was sich ihnen bei ihren Wanderungen in den Weg stellt: Tiere, Grünpflanzen und sogar Holz. Dabei können sie eigentlich gar kein Holz verdauen. Ihnen fehlt das dafür zuständige Ferment. (Fermente oder Enzyme sind bestimmte Eiweißstoffe, die gebraucht werden, damit gewisse chemische Reaktionen ablaufen können. Ohne die entsprechenden Enzyme können Tiere ihre Nahrung nicht verdauen.) Statt einer eigenen Enzymproduktion halten sich die Termiten im Darm unzählige winzige Einzeller, die genau die zur Verdauung von Holz benötigten Stoffe erzeugen. Diese Bakterien in den Termiten machen ein Drittel ihres Körpergewichts aus.

Woraus besteht ein Termitenbau?

Der Baustoff für die Termitenburg ist eine Art Beton, den die Termiten aus Sand und Speichel mischen. Dabei wird Sandkorn auf Sandkorn gelegt und mit Speichel verkleistert. Eine fertige Burg ist unglaublich hart. Nur Tiere mit besonders scharfen Klauen, zum Beispiel die Ameisenbären, können sie aufkratzen.

Können Termiten wie Schlangen zischen?

Termiten (und viele anderen Insekten) spüren Erschütterungen des Bodens sehr genau. Selbst die Schritte eines barfüßigen Menschen und die Tritte eines kleineren Säugetieres nehmen sie wahr. Termiten, die sich in Laubhaufen aufhalten, schrecken einen möglichen Feind ab, indem sie das Zischen von Schlangen imitieren. Sie lassen ihren Hinterleib vibrieren und reiben damit an trockenen Blättern. Das hört sich so ähnlich an wie Schlangenzischen, und ein möglicher Feind wird wahrscheinlich einen großen Umweg machen.

Welche Aufgabe haben die Königinnen bei den Insekten?

Königinnen gibt es bei Termiten, Ameisen, Wespen, Bienen und Hummeln. Sie haben nur eine einzige Aufgabe, näm-

lich Eier zu legen. Die anderen Angehörigen des Insektenstaates vermehren sich nicht. Ihr einziger Lebenszweck besteht darin, dafür zu sorgen, dass die Königin genug Futter hat und nicht gestört wird.
Königinnen sind größer als ihre Artgenossen, und ohne ihren Hofstaat sind sie völlig hilflos. Die – im Vergleich zur normalen Größe ihrer Artgenossen – größten Königinnen gibt es bei den Termiten. Termiten werden etwa einen Zentimeter lang. Dagegen kann die Königin bis zu neun Zentimeter lang werden.

Warum stechen Bienen?

Bienen stechen zu, wenn ihrem Bienenvolk Gefahr drohen könnte oder wenn sie das Gefühl haben, in der Falle zu sitzen. Natürlich kann eine Biene nicht unterscheiden, ob sich ein Mensch oder ein Tier dem Bienenstock als Feind und Räuber nähert oder aber rein zufällig vorbeikommt. Im Zweifelsfall wird der Störenfried gestochen. Bei Bienenvölkern ist Angriff offensichtlich die beste Methode, sich zu verteidigen. Denn Honig ist ein begehrter und nahrhafter Leckerbissen.

Woher wissen Bienen, wo es Futter gibt?

Die Bienen haben eine eigene Sprache, mit der sie Artgenossen mitteilen, wo genau die lohnenden Futterquellen liegen. Damit vermeiden sie kräfteraubende Suchflüge. Es reicht, wenn eine einzige Biene eine Quelle von Nektar und Pollen findet. Sie fliegt zum Bienenstock zurück und beginnt mit einem eigenartigen Tanz. Aus der Art, Richtung und Schnelligkeit der Bewegungen erkennen die anderen Bienen, in welche Richtung sie fliegen müssen, wie weit die Futterquelle entfernt liegt und wie viel es dort zu holen gibt. Diese Tanzsprache ist sehr genau.

Können Menschen die Bienensprache verstehen?

Der Biologe Karl von Frisch hat die Bienensprache entschlüsselt. Das gelang ihm durch folgende Versuche. Er bat seinen Assistenten, irgendwo in der Umgebung ein Honignäpfchen abzustellen, und blieb währenddessen selbst beim Bienenstock. Bald hatte die erste Biene die Futterstelle entdeckt und kam zum Stock zurück. Mit ihrem Tanz meldete sie den Fund. Der Forscher schaute zu. Mit der Zeit gelang es ihm, die Bedeutung der verschiedenen Tanzfiguren zu entschlüsseln. Eine Überprüfung ergab, dass die Angaben zu Richtung und Entfernung auf den Meter genau stimmten.

Wie viele Bienen müssen für ein Kilogramm Honig arbeiten?

Der sprichwörtliche „Bienenfleiß“ trifft bei den Bienen tatsächlich zu. Bei schönem Wetter sind Honigbienen ständig unterwegs. Um ihren Kropf zu füllen, muss eine Biene etwa tausend Blüten besuchen. Tag für Tag macht sie etwa zehn solcher Touren. Um nur ein Kilogramm Honig zu produzieren, müssen 60 000 Bienen einen Tag lang sammeln.

Wie viele Mitglieder hat ein Bienenvolk?

Ein größeres Bienenvolk besteht aus etwa 80 000 Bienen, die pro Jahr über zweihundert Kilogramm Honig verzehren. Überschüssiger Honig wird in den Waben verstaut und dient als Vorrat für schlechte Zeiten. Den Honig, den wir Menschen essen, klauen wir den Bienen. Damit sie nicht verhungern, füttern Imker sie oft mit Zucker.

Wie viele Beine hat der Tausendfüßer?

Ein Tausendfüßerbaby hat nur drei Beinpaare, also sechs Beine. Die übrigen Beine wachsen später. Doch keine einzige der 8 000 Arten von Tausendfüßern hat tatsächlich tausend Beine. Der Rekord steht bei 710. Die meisten Arten von Tausendfüßern haben sogar weniger als zweihundert Füße.

Was ist der Unterschied zwischen Spinnen und Insekten?

Spinnen und Insekten gehören beide zum Tierstamm der Gliederfüßer. Das sind knochenlose Tiere mit einem Außenpanzer, der die weichen Innereien zusammenhält, und einem Leib, der in mehrere Abschnitte gegliedert ist. Spinnen haben zwei solcher Abschnitte: das Kopfbruststück und den Hinterleib. Alle acht Beine wachsen aus dem Kopfbruststück. Insekten dagegen haben drei Teile: Kopf, Brust und Hinterleib. Ihre sechs Beine sitzen im Brustteil. Manche Insekten haben ein oder zwei Flügelpaare. Obwohl sich manche Spinnen und Insekten sehr ähneln, kann man Insekten von Spinnen leicht unterscheiden. Spinnen haben immer acht, Insekten immer sechs Beine.

Worin packt die Spinne ihre Brut ein?

Die silberglänzenden, unglaublich dünnen Spinnfäden gehören zu einem der kräftigsten Materialien, die die Natur hervorbringt. Die Fäden sind reißfest, elastisch und wasserfest. Spinnfäden werden in kleinen Drüsen am Hinterleib der Spinne produziert. Die Mutterspinne baut daraus eine

Hülle, in der sie die Eier ablegt. Die Spinne trägt ihr Eierpaket so lange mit sich herum, bis die Babyspinnen schlüpfen.

Wozu dienen Spinnfäden?

Spinnfäden dienen auch als Baumaterial für das Netz, in dem die Spinne ihre Beutetiere fängt. Spinnennetze sind eine perfekte Falle. Die Fäden sind dünn genug, um von anfliegenden Insekten nicht gesehen zu werden, und fest genug, um selbst dann nicht zu reißen, wenn zum Beispiel eine Wespe in vollem Flug auf das Netz prallt. In diesem Fall kommt ein frischer Spinnfaden zum Einsatz. Damit wickelt die Spinne ihr zappelndes Opfer ein, sodass es sich auf keinen Fall durch starkes Zappeln aus dem Netz befreien kann.

Bauen alle Spinnen Netze?

Von den Spinnentieren gibt es nicht weniger als 30 000 verschiedene Arten. Zu den Spinnentieren gehören die Webspinnen, aber auch Tiere wie die Weberknechte und Skorpione. Selbst unter den vielen Arten von Webspinnen verwenden längst nicht alle Arten ihre Spinnfäden zum Bau von Netzen. Es gibt noch etliche andere Anwendungsmöglichkeiten für dieses erstaunliche Material.

Manche Wasserspinnen beispielsweise bauen sich aus Spinnfäden eine Art Taucherglocke. Das ist eine Art Zelt, unter dem sie im Wasser Luft aufbewahren. Die Spinne kann somit unter Wasser sitzen, Luft atmen und von diesem Unterschlupf aus Jagd auf Wassertierchen machen. Andere Spinnen nützen ihren Spinnfaden, um sich im steilen Gelände abzuseilen oder gar als Bungee-Seil. Sie springen auf der Jagd nach Beutetieren in die Tiefe, abgesichert durch einen langen, elastischen Spinnfaden.

Können Spinnen mit ihren Netzen auch fischen?

Eine südamerikanische Spinnenart webt ihr trichterförmiges Netz dicht über der Oberfläche von Flüssen und Bächen. Meistens fängt es wenig später an zu regnen, und das Wasser steigt. Woher die Spinne weiß, dass es regnen wird, ist ihr Geheimnis. Vielleicht spürt sie, wenn ein Tiefdruckgebiet heranzieht, und beginnt dann mit dem Netzbau. Das Wasser überspült das Netz, und Kleintiere verfangen sich darin. Nach einer Weile zieht die Spinne ihr Netz mitsamt der Beute (Kaulquappen und winzige Fische) an Land zurück und verspeist ihren Fang.

Wie fangen Lassospinnen ihre Beute?

Die Lassospinnen, von denen mehrere Arten in Afrika und Amerika leben, jagen nicht mit dem Netz, sondern mit einem Lasso, das ist ein Spinnfaden von einem halben Meter Länge, an dessen Ende klebrige Speicheltröpfchen sitzen. Während der Jagd hockt die Spinne auf einem Ast und lässt ihr Lasso baumeln. Eines ihrer Beine ist kürzer als die anderen. Dieses Bein dient als Wurfhand. Sobald sich ein Beutetier nähert, schwingt die lauernde Spinne zielsicher ihr Lasso in die Richtung des Opfers. Das Beutetier wird getroffen und bleibt kleben. Dann wird es mit der Spinnfadenleine herangezogen und schließlich aufgefressen.

Wo fischen Fischer mit Spinnennetzen?

Auf der Insel Neuguinea spielen Spinnennetze im Leben der Urbevölkerung eine besondere Rolle. Die Netze einer dort beheimateten Spinnenart sind nämlich so dicht und stark, dass sie beim Fischfang verwendet werden. Die Fischer montieren die riesigen Spinngewebe ab und fangen damit kleine Fische aus Bächen und Teichen. Das Netz eignet sich sogar zum Nähen von Mützen. Die Spinne, die diese Wundernetze produziert, ist knapp zwei Zentimeter groß. Ihre Netze haben einen Durchmesser von fast drei Metern. Keine andere Spinne baut so große und starke Netze.

Wer macht den Altweibersommer?

Die langen Spinnfäden, die im Herbst durch die Lüfte treiben und von Zweigen hängen, nennt man Altweibersommer. Sie stammen von Jungspinnen, die sich auf diese Weise vom Wind tragen lassen. Doch auch die ausgewachsenen Spinnen aus der Familie der Zwergspinnen reisen auf diese Weise. Sie werden nur drei Millimeter lang und sind so leicht, dass sie an ihren Spinnfäden über weite Strecken durch die Luft getragen werden. Oft schweben sie tagelang durch die Luft und werden dabei sogar über Meere getragen.

Wie kommen Ameisenspinnen an ihr Futter?

Ameisenspinnen sehen Ameisen so täuschend ähnlich, dass sie nicht einmal von den Ameisen gleich erkannt werden. Diese Raubspinnen bauen keine Netze, sondern mischen sich unerkannt unter Ameisen, um sich dort ihre Beute zu suchen. Nur ihr Geruch unterscheidet sie von echten Ameisen. Doch bis eine Ameise das bemerkt, ist sie meist schon tot.

Wie kommen Jungspinnen in der Welt herum?

Kleine Spinnen entfernen sich sofort nach dem Schlüpfen aus den winzigen Spinneneiern möglichst weit von ihrem Geburtsort. Sie krabbeln so hoch wie möglich auf einen

Strauch oder auf einen Zaunpfahl und spinnen einen langen Faden, der als Art Fallschirm oder Windfänger dient. Bei der leichtesten Brise lassen sie los. Der Wind trägt die federleichten Gebilde mit der kleinen Spinne durch die Luft. Dabei besteht die Gefahr, dass die Spinne an einem Ort landet, wo sie nicht überleben kann.

Warum produzieren Spinnen so viele Junge?

Die Natur kennt zwei Methoden, um das Überleben einer Tierart zu sichern. Entweder es gibt pro Wurf nur wenige Junge, die dann aber von den Eltern gut behütet werden. So machen es die meisten Säugetiere und Vögel. Oder ein Muttertier setzt Nachkommen in großen Mengen in die Welt, von denen dann wenigstens einige überleben. Auf diese Weise vermehren sich beispielsweise die Spinnen. Viele Jungspinnen, die sich an Spinnfäden in die Welt tragen lassen, landen schließlich an Orten, die für ihr Überleben nicht geeignet sind. Doch es gibt sie in großer Zahl. Nach jeder Geburt machen sich hunderte oder sogar tausende von Jungspinnen auf den gefährlichen Weg ins Leben. Somit ist die Chance groß, dass wenigstens ein paar von ihnen die ersten Stunden überstehen und heranwachsen können – genug Spinnen, um die Art zu erhalten.

Welche Spinne tötet Schlangen?

Vogelspinnen nehmen es mit allen Tieren ihrer Größe auf. Sie greifen sogar Ratten, Mäuse, Kröten, Fledermäuse, Schlangen und Vögel an. Für kleinere Tiere ist das Gift der Vogelspinnen tödlich. Vogelspinnen scheuen auch vor Angriffen auf Giftschlangen nicht zurück. Sie können sogar Klapperschlangen töten. Die Spinne hockt in einem Ast und lässt sich auf eine auf dem Boden liegende Klapperschlange fallen, beißt sie in den Kopf und krabbelt blitzschnell wieder den Baum hoch. Nach zirka einer Minute ist die Klapperschlange tot.